KB262297

테마파크의 스토리텔링
Theme park & Storytelling

테마파크의 스토리텔링
Theme park & Storytelling

글누림 문화예술 총서 6

테마파크의 스토리텔링
Theme park & Storytelling

최 혜 실

이야기가 문학작품뿐 아니라 다른 여러 분야에 살고 있다는 사실을 처음 깨달은 것은 디지털 매체의 스토리텔링을 연구하면서부터였다. 그러나 곧 매체가 PC에서 유선 인터넷으로 다시 무선 인터넷, 모바일폰으로 바뀌면서 이야기는 공간에서, 그리고 우리의 일상 속에서 발견되기 시작하였다.

테마파크의 스토리텔링을 발견한 것도 이즈음이었다. 사람들은 가상세계의 놀이성을 현실 공간에서도 즐기고 싶어 하게 되었으며 도심의 공간은 합리적이고 효용적인 모습에서, 놀이의 감성적인 공간으로 바뀌기 시작하였다.

디지털 매체의 융합적 속성에 의해 다중의 플랫폼상에서 동일한 내용의 콘텐츠가 매체를 바꿔가며 손쉽게 전달되는 융합 환경이 도래하였다. 이에 따라 처음 단계에서 원 소스의 개발이 문화콘텐츠의 가장 중요한 관건이 되고 있고, 매체에 따라 변모하는 콘텐츠의 각색 방식에도 무게중심이 주어지게 되었다. 이때 감성 콘텐츠의 핵심이 되는 이야기는 여러 장르와 영역에서 사용되며 서로의 형식에 변화를 미치며 변화무쌍한 디지털 시대처럼 몸바꾸기를 하고 있는 것이다.

스토리텔링은 단순 융합이 아니라 통섭적 면모를 지니고 있다. 통섭은 이질적인 것에 초점을 맞추는 단순 융합이나 컨버전스가 아니라 여러 학문들을 두루 설명할 수 있는 근본 원리가 존재하는 융합을 말한다. 이제 스토리텔링은 콘텐츠를 비롯한 많은 영역에 들어가서 그 향유 가치, 혹은 상품가치를 한 단계 업그레이드시키는, 현대 산업과 정치, 경제, 문화의 핵심 동력이 되고 있다. 그리고 그 방식은 테마파크에도 마찬가지로 적용되고 있다.

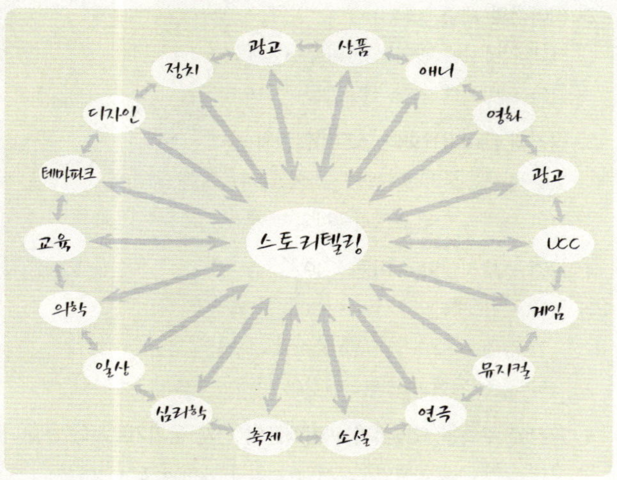

2008. 9.
최 혜 실

제1부 테마파크 스토리텔링의 이론

제1장 공간 스토리텔링으로서의 테마파크

1. 이야기 현황 __ 13

2. 이야기의 개념 __ 14
    (1) 이야기에 관련된 논의들 · 14
    (2) 이야기에 관한 선입관들 · 16

3. 공간의 테마파크화와 스토리텔링의 증대 __ 18
    (1) 정보통신의 발달과 공간의 테마파크화 · 18
    (2) 테마파크와 스토리텔링의 관계 · 18

4. 공간 스토리텔링의 이론 __ 19
    (1) 시간 체험으로서의 이야기 · 19
    (2) 공간과 장소를 구별하는 요소로서의 경험 · 22
    (3) 장소 경험과 스토리텔링의 관계 · 25

5. 공간에 구축된 요소들과 관람객들의 건져 올리기로서의 스토리텔링 __ 26
    (1) 공간 스토리텔링으로서의 게임과 테마파크 · 26
    (2) 시공소 속에서 결정되는 자아의 정체성으로서의 스토리텔링 · 29
    (3) 구축된 이야기와 공간 경험의 상호작용으로서의 스토리텔링 · 30

6. 결론 __ 31

제2장 기존 테마파크의 스토리텔링 분석

1. 도시와 테마파크 __ 33
   (1) 도시의 스펙타클화와 테마파크화 · 33
   (2) 그랑모또의 스토리텔링의 한계 · 47
   (3) 두바이의 스토리텔링의 역설 · 50
   (4) 헤이리의 스토리텔링 · 56

2. 영상의 테마파크화 __ 60
   (1) 가상놀이 인간들의 공간 인식 방식 · 60
   (2) 촬영장 : 〈겨울연가〉의 테마파크화 · 62
   (3) 세트장 : 〈대장금〉 테마파크 및
         부천 판타스틱 스튜디오의 현황과 한계 · 67

차례

 **제2부** 테마파크 스토리텔링 설계의 실제

제1장 〈소나기마을〉과 〈만해마을〉

1. 테마파크와 소설 __ 77

2. 〈소나기마을〉의 스토리텔링 __ 80
    (1) 〈소나기〉의 테마파크화의 산업적 가치 · 80
    (2) 〈소나기〉의 작품구조를 응용한 〈소나기마을〉 설계 방안 · 82
    (3) 실제 설계 · 88

3. 〈만해마을〉의 스토리텔링 설계 방안 __ 94
    (1) 〈만해마을〉의 산업적 가치 · 94
    (2) 조선시대 사찰의 스토리텔링과 만해 문학의 상관성 · 96
    (3) 만해 문학과 심우도, 사찰 구조의 일치 · 100
    (4) 만해 문학의 테마파크화 · 104

제2장 국민안전체험 테마파크

1. 테마파크 건립의 기본 방향 __ 109

2. 개발 여건 분석 및 기본 방안 도출 __ 110
    (1) 물리적 환경 분석 · 110
    (2) 기본 계획에 제시되어 있는 사항 분석 · 111
    (3) 개발 콘셉트의 설정 · 112

3. 개발의 범위 및 방법 __ 112
    (1) 테마 도출 사전 방향 잡기 · 112
    (2) 이야기 만들기 · 113
    (3) 모바일 게임을 활용한 테마 연결 제안 · 118

4. 공간에 펼쳐진 스토리텔링 __ 119
    (1) 스토리텔링의 공간화 1 : 안전체험관 · 119
    (2) 스토리텔링의 공간화 2 : 전체 스토리 라인 · 120
    (3) 온·오프라인 연계 게임의 장소 · 121

5. 결론 __ 122

차례

제3장 대구 게임테마거리

1. 테마거리 조성의 방향 __ 125
    (1) 조성 목적 · 125
    (2) 조성 내용 및 방법 · 126

2. 대구 게임테마거리 현황 및 분석 __ 127
    (1) 사업 대상 지역 설문조사 · 127
    (2) 입지 여건 분석 · 132
    (3) 지역 문화산업 클러스터와의 연계 · 134

3. 국내외 사례 분석 __ 135
    (1) 국내 사례 · 135
    (2) 국외 사례 · 140
    (3) 국내외 사례들의 종합 분석 · 145

4. 개발 구상 __ 146
    (1) 목적과 방법론 : 스토리텔링과 OSMU의 두 요소 · 146
    (2) 입구 정비 : 스토리텔링의 문지방으로서의 입구 · 148
    (3) 구역별 테마거리 조성 및 통합 시나리오 개발 · 149
    (4) 테마거리 공간 요소 제시 · 155

참고문헌 __ 157

테마파크 스토리텔링의 이론

Theme park & Storytelling

제1장

공간 스토리텔링으로서의 테마파크

1. 이야기 현황

서사(敍事), 이야기, 스토리, 담론, 스토리텔링 등 다양한 '이야기' 관련 개념들이 최근 문학뿐 아니라 산업, 일상, 디자인, 정보통신 영역에 사용되고 있다. 주로 인쇄매체 영역에서 활발하던 내러티브, 서사 개념이 이처럼 21세기 경제, 사회, 문화 전반에 걸쳐 확산되는 이유는 정보통신의 발달로 매체가 변화하고 있으며 이성보다 감성이 중시되는 분위기에서 이야기의 중요성이 강조되고 있기 때문이다.[1]

이제 이야기는 단순히 문학작품뿐 아니라 영화, 애니메이션, 만화, 드라마, 컴퓨터 게임처럼 시나리오가 있는 문화콘텐츠 산업에서 인형이나 명품 같은 상품, 테마파크 같은 일상의 공간, 기념일, 혈액형, 선

---

1 최혜실, "스토리텔링 개념 등장의 시대적 배경", 『문학수첩』 창간호, 2003. 2, pp. 347–365.

거 마케팅, 광고 등의 일상생활에까지 깊숙이 참투하고 있다.[2]

그러나 다양한 매체에 나타난 스토리텔링은 막연하게 '이야기'로서 인식되고 있을 뿐 구체적으로 장르마다 어떻게 다르며 어떤 양상으로 나타나는지 심도 깊은 분석은 아직 이루어지지 않고 있는 상황이다. 특히 지금까지 문학에서 집중적으로 분석되어 온 서사구조, 혹은 내러티브 이론을 여과 없이 씀으로써 많은 혼란이 야기되고 있는 상황이다.

이런 난점을 해결하기 위해 그동안 많이 연구되어 온 문학이나 영화가 아니라 이야기 본연의 서사구조를 파악한 후, 최근 논의되고 있는 공간 스토리텔링의 미적 구조의 한 특성을 밝혀 보도록 하겠다.

2. 이야기의 개념

(1) 이야기에 관련된 논의들

지금까지 이야기에 대한 심도 깊은 연구는 주로 문학작품을 중심으로 이루어져 왔다. 러시아 형식주의자인 슈클로프스키가 주장한 파불라(fabula)와 수제(sujet)는 '무엇'과 '어떻게'로 구분되는 스토리와 담화[3] 구분의 출발점이었다.[4] 그리고 E. M. 포스터의 유명한 정의인 "왕이 죽었다, 그리고 왕비가 죽었다"는 소설의 인과관계, 개연성을 말한 것이었다. 그러나 이런 주장은 쥬네트에 의해 "왕이 죽었다"란 문장으

---

2 최혜실 편, 『문화산업과 스토리텔링』, 다홀 미디어, 2007에 다양한 분야의 스토리텔링 활용 양상이 분석되어 있다.

3 JONATHAN CULLER, "Story and discourse in the analysis of narrative", ed. by MIEKE BAL, *Narrative Theory* Ⅰ, Routledge, 2004, pp. 117–118.

4 종종 혼동해서 récit를 브레몬드는 파불라로 바르트는 수제로 사용했고 쥬네트는 사건의 시퀀스를 histoire, 담론에서의 사건의 표시를 récit로, 내러티브의 명확한 진술인 narration으로 구분하였다.

로 충분하게 이야기가 된다고 반박된다.[5] 이후로 서술하기와 서사화하기의 구분, 이야기와 플롯의 구분 등 이야기와 일상 언어와의 차이는 많은 연구자들에 의해 시도되었다. 역사물의 유사 플롯과 서사물의 구분이나 유사 캐릭터와 캐릭터의 구분 등을 통해 서사, 혹은 이야기를 일상의 사건과 구분하려는 시도가 계속되었다.

그런데 이 시도는 계속될수록 그 모호함을 더해갔다. 급기야 서사를 의인화된 경험성(experientiality)이라고까지 확장하는 연구자도 있다. 그러나 어느 정도 구체성을 지니는 극적인 부분은 있어야 우리가 서사라고 느끼는 것이지 막연히 경험을 논하는 것은 문제가 있다. 서사적 텍스트는 특별한 존재를 묘사한 세계의 사건, 그리고 그들이 만든 관계의 네트워크가 일깨우는 조리 있고 명료한 세계에 의해 창조된다. 이처럼 일상의 사건과 구분되나 그 특성을 간단하게 정의할 수 없는 서사의 개념은 많은 사람들에 의해 지속적으로 추구되어 왔으나 아직 해결되지 않았다.

이야기가 인간이 세계를 인식하는 근본적인 한 가지 방식임에는 틀림없으며 다양한 매체를 통해 발현되는 것도 사실이다.[6] 흔히 구술로 진행되는 이야기를 '이야기'로 칭하고 소설의 이야기를 서사(敍事)라고 하는 바, 최근 사용되는 '스토리텔링(storytelling)'이란 개념에 대해서는 논란이 많다. 필자가 2000년 이 용어를 사용했을 때만 해도 생경한 용어였고 급기야 학술지에 게임의 스토리텔링을 게재할 때 한 심사위원으로부터 '서사구조'로 바꾸지 않으면 게재 불가를 하겠다는 경고까지

---

5 GERALD PRINCE, "Revisiting narrativity", ed. by MIEKE BAL, *Narrative Theory* I , Routledge, 2004, pp. 11-12.
6 Gerald Prince(최상규 옮김), "서사학 : 서사물의 형식과 기능", 『문학과 지성』, 1988, 1장, Andr Gaudreault · Fran ois Jost(송지연 옮김), 『영화서술학』, 동문선, 2001, pp. 30-35 참조.

받았을 정도였다.[7]

(2) 이야기에 관한 선입관들

종래 문학 쪽에서 주로 논의되어 왔던 '이야기'에 대한 정의에 일종의 문제점이 발견된 것은 연구자들이 디지털 매체에서의 이야기 구조를 논의하면서부터이다. 상호작용성과 멀티미디어적인 속성을 지닌 게임이나 넷 아트 등의 디지털 스토리텔링에 있어서 문자 중심, 일방향적인 매체의 특성을 지닌 문학에서 파생된 내러티브 개념은 많은 모순을 낳게 되었던 것이다.

특히 아날로그 매체에서 존재하지 않는 상호작용성 때문에 디지털 스토리텔링에 도입되자 초기 서사학자들은 상호작용성과 서사를 분리하여 설명하려고 노력했다. 예를 들어 인물, 플롯, 배경으로 나누어 종래 서사와의 공통점을 말한 뒤 몸으로 읽기, 행위로서의 이야기, 프로그래머의 데이터 제공과 게이머의 건져 올리기로 차이점을 말하는 방식[8]이나 텍스톤(texton)과 스크립톤(scripton)의 개념[9]으로 설명하는 방식, 계열체와 잠재태로 나누어 설명하는 방식,[10] 기반적 스토리, 이상적 스토리, 우발적 스토리로 나누는 방식[11]이 그것이다.

이 때문에 이야기와 역할놀이의 공통점으로 '놀이'를 이야기의 개념

---

7 최혜실, "게임의 서사구조", 『현대소설연구』, 2002. 12. 논문으로 전체 용어를 스토리텔링에서 서사구조로 다 바꾸어야 했다.

8 최혜실, 앞의 책.
_____, "디지털 서사의 현황과 전망", 『디지털 시대의 문화읽기』, 소명출판, 2001. 7, pp. 102–117.

9 E. Aarseth, *Cybertext : Perspectives on Ergodic Literature*, Jones Hopkins University Press, 1997, pp. 2–5.

10 전경란, "컴퓨터 게임 스토리텔링의 이해와 분석", 이인화 외, 『디지털 스토리텔링』, 황금가지, 2003, pp. 63–64.

11 전혜원, 『디지털 게임 스토리텔링』, 살림, 2005, pp. 25–44.

에 포함시키자는 주장도 나오고 있다.[12] 그런데 놀이에는 공간이 필요하다. 그렇다면 공간인식이 어떻게 이야기가 될 수 있을 것인가? 유사 공간 탐색과 이야기의 상관관계를 살피는 연구도 존재한다.[13] 한편 서사는 주어진 상황에서 어려운 난관을 헤쳐 나가는 문제 해결 능력과도 깊은 관계를 지닌다고 볼 수 있다.

종합하여 보면, 참으로 많은 논의들이 분분한 실정인데 그 이유로 종래 문학에서 비롯한 이야기 구조 연구가 새로운 매체의 등장과 더불어 공간이나 상품 등 다양한 영역에 이야기가 적용됨으로써 이제 이야기의 영역이 근대 이전의 통합 예술에서의 이야기 개념으로 확산된 것을 들 수 있다. 이제 이야기는 다양한 장르에서 그 새로운 특성들이 연구된 후 다시 통합되어 그 공통점이 추출, '이야기' 영역의 개념이 포괄적으로 다시 잡혀져야 할 필요에 봉착하게 되었다. 이에 그 한 영역으로서 공간의 이야기 구조를 중심으로 이야기의 특성을 추출하고자 한다.

이 책에서는 '이야기'라는 개념보다 '스토리텔링(storytelling)'이란 개념을 사용하고자 한다. 그 이유는 이 개념이 이야기(story)와 멀티미디어적, 혹은 구술적 속성(tell), 상호작용성으로서의 현재성(−ing)의 특성을 고루 포함하고 있어 정보통신의 발달로 새롭게 변모하고 있는 21세기의 이야기의 속성을 가장 잘 반영하고 있기 때문이다.[14]

---

12 최혜실, 『문자문학에서 전자문화로』, 한길사, 2007, p. 163.
13 위의 책, pp. 158–159.
14 최혜실 편, 『문화산업과 스토리텔링』, 다홀미디어, 2007, pp. 10–12.

3. 공간의 테마파크화와 스토리텔링의 증대

(1) 정보통신의 발달과 공간의 테마파크화

최근 문화와 산업계에 화두로 '감성'이 등장한 가장 큰 원인으로 정보 통신의 발달을 들 수 있다. 인터넷 공동체가 감성의 공동체이며 기술 발달의 속도가 빨라질수록 불확실한 미래를 감각적인 꿈으로 파악하려는 경향이 있다는 점, 문자가 이성적이라면 영상은 감성적이고 직관적인 감각을 요구한다는 점이 그것이다.

그리고 영상성이 증대될수록 현대인들은 영상의 세계의 감각적 속성, 놀이적 속성을 공간에 적용하려는 경향을 지닌다. 현대 산업에 오락의 요소가 증대되는 까닭이 여기에 있다. 그런데 '놀이'는 우리가 참여하여 만드는 이야기이다. 이제 이야기는 우리가 사는 문화 공간 전체로 확산되고 있다. 이 상황은 우리 삶의 공간이 놀이 공간 및 생산 공간과 일치하는 효과를 낳는다. 좀더 비유적으로 말한다면 탈근대의 공간은 테마파크처럼 변하고 있다.[15]

(2) 테마파크와 스토리텔링의 관계

테마파크란 통상적으로 '주제라는 관념적 울타리를 갖는 공원'으로 규정될 수 있다. 즐거움과 적절한 경험을 판매하는 사업, 다른 공간과 분위기를 창출해내고 건물과 경치, 탑승물, 식음료, 그리고 상품들이 선정된 주제에 맞게 조화됨을 통하여 하나의 지배적인 분위기에 집중시키는 장소, 주제라는 관념적 틀을 가진 공원으로서 이를 적절히 표현

---

15 최혜실, "디지털 문화환경과 서사의 새로운 양상", 『문학수첩』, 2003. 봄,

하는 소재로 구성하여 방문객들에게 일상을 탈피한 경험을 제공하는 공원으로 정의된다.

이런 정의는 작가가 하나의 주제를 가지고 작품에 일관성을 부여하면서 작품의 허구적 세계를 창조하는 서사의 방식과 부합하는 것이다. 테마파크는 놀이공간이다. 놀이는 자유스러움을 지니며 탈일상의 성격, 무관심성의 요소를 지니는데[16] 이것은 제한된 공간에서 다른 분위기를 창출해내는 테마파크와 일치한다. 그런데 놀이는 '내가 참여하여 만드는 이야기'이다. 어린이가 소꿉놀이를 할 때 각자 엄마, 아빠 역할을 맡고 시나리오를 만들어 이야기를 진행해간다. 테마파크에 기본적으로 이야기의 속성이 있는 것은 이 때문이다.

이에 21세기 공간의 중요 특성 중 하나가 공간의 테마파크화임에 주목하고, 공간의 스토리텔링이 증강되고 있음에 주목하면서, 공간 스토리텔링의 이론을 정립하는 데 논의의 초점을 맞추고자 한다.

4. 공간 스토리텔링의 이론
― 시간, 공간, 경험의 상관관계를 중심으로

(1) 시간 체험으로서의 이야기

이야기는 매우 흥미롭고 독특한 사실 인식의 형태로서 좁게는 소설에서부터 편안한 자리에서 유머 말하기, 입으로 전해지거나 소책자로 기록된 회사 성공담, 심리치료에서 환자가 말하는 고통의 이력 등 넓은 의미의 서사에 이르기까지 다양한 종류로 되어 있다.[17]

---

16 로제 카이와(이상률 옮김), 『놀이와 인간』, 문예출판사, p. 26.

　이 중 게임, 미디어 아트와 같이 이야기 수용자의 직접 개입이 전제
되는 디지털 스토리텔링이나 테마파크의 체험을 설명하는 데 가장 유
사하며 따라서 적합한, 기존에 제시된 종류의 이야기는 자전적 이야기,
자기 서사(self-narration)이다. 직접 체험한 것에 관한 이야기는 일상적
이고 언제나 실행되며 친숙한 행위이다. 이 행위를 통해 우리는 서로를
이해할 수 있고 상대방의 경험에 참여할 수 있으며 우리 자신에 대해
보다 명확하게 알 수 있다.

　우리가 어떻게 특정한 사건을 체험하고 경험을 갖게 되었는지, 그
일이 어떻게 발생했는지, 왜 우리가 그렇게 되었고 우리가 그렇게 행동
했는지를 다른 사람에게 전해주려 하거나 스스로 회상하려 할 때, 이야
기 형식을 이용한다. 직접 체험한 것을 이야기함으로써 우리는 정보 제
공하기, 상대방을 즐겁게 하기, 근거 제시하기, 정당화하기, 같은 편 만
들기, 상대와 우리에 대한 명확한 이해 등의 행위를 한다.

　그런데 이처럼 자신의 체험을 이야기하는 방식에는 시간이 포함된
다. 이야기의 가장 일반적인 자질은 시간 속에서 발생한 변화에 관한
언어적 표현이다. 표현된 것의 시간적 진행 과정과 변화를 순차적으로
배열된 문장으로 말하는 것이 이야기의 구성적 자질이다. 의미를 부여
하는 순서, 즉 의미구조가 부여되면서 단순한 사건의 시간적 연속은 이
야기 또는 '플롯'이 된다. 이야기 속에서 시간의 변화는 서로 관련 없
는 순간들의 연속이 아니라 구조화된 것으로 나타나고, 이 구조화를 통
해서 의미 있는 것으로 나타난다. 같은 사건의 경과도 선택된 요소들과
특정한 진술을 위한 배열에 따라서 완전히 다르게 표현될 수 있다. 개

17　가브리엘레 루치우스-회네·아르눌프 데퍼만(박용익 옮김), 『이야기 분석』, 역락, 2006, p. 28.

인이 겪는 시간의 변화는 특정한 상황 아래에서 이루어진다. 이야기는 행위를 수행하거나 일어난 사건을 통해서 외적, 내적인 변화나 경험을 하였거나 동기와 의도 또는 계획을 가지고 있는 사람, 또는 사람과 비슷한 존재의 체험과 관련이 있다.

그러면 왜 사람들은 이야기를 하는 것일까? 그것은 이야기가 세상의 수많은 사건과 알 수 없는 정보들 속에서 개인이 자기 정체성을 찾는 중요한 방식이기 때문이다. 말한다는 것은 화자가 누군가에게 무엇에 관해 무엇을 말하는 의도 속에서 이루어진다. 이 과정을 통해 주체는 사유 능력을 회복하고 또한 타자의 말과 글을 통해서 자기 주체를 찾는다. 복잡한 현실의 상황 속에서 분열하고 길을 잃은, 분열된 주체는 이 과정을 통해 하나로 통합되는 것이다.

이런 체험의 과정 속에서 시간은 비로소 인지되고 형상화된다. 어떤 사건의 체험을 이야기하는 것, 서술 기능의 구조적 동일성은 물론 모든 서술 작품의 진리 주장의 최종 목적은 바로 인간 경험이 갖는 시간적 특성이다. 시간은 서술적 방식으로 진술되는 한에 있어서 인간의 시간이 되며 이야기는 시간 경험의 특징들을 그리는 한에서 의미를 지닌다.[18]

이야기는 자기 자신의 시간성을 이해하고 삶의 과정을 의미 있는 이야기로 형성하기 위한 인간의 수단이다. 시간적 경과의 의미 있는 구조화를 통해 이야기는 하나의 이야기 행위 속에서 정체성을 확보하는 것이다. 이야기는 인식의 형식이며 시간 경험을 하기 위한 근본적인 인간의 능력이다. 물론 인간 경험이 언어로 변환되기 이전에 이미 서사적 구조를 갖추고 있는지 경험이 언어로 표현되고 성찰될 때 이야기 형식이 후

---

18 폴 리쾨르(김한식·이경래 옮김), 『시간과 이야기』, 문학과지성사, 2001, pp. 15-17.

차적으로 경험에 덧입혀지는지는 아직 밝혀지지 않았다.[19] 그러나 어떤 경우라도 이야기가 인간의 시간 경험의 일종이라는 것은 사실이다.

심리학적 측면에서 이야기는 자기 형성의 구성적 역할은 아니라고 하더라도 특별한 역할을 하는 것이다. 이곳에서는 '자기'와 '정체성'이 동일한 것으로 논의된다. 자기가 서사적으로 구성되어 있는 것으로 사람들이 경험의 형성과 행위의 조직, 그리고 의미의 부여에 서사적 원칙을 이용하는 것이다.

이야기를 구성한다는 것은 우연적인 것에서 이해할 수 있는 것, 특이한 것에서 보편적인 것, 삽화적인 것에서 필연적인 것이나 사실임직한 것을 나타내게 하는 것이다. 이야기는 인과율에 따른 연쇄관계로 인간의 행동을 재현하는 것이다.

(2) 공간과 장소를 구별하는 요소로서의 경험

공간과 장소의 차이에 대해서는 많은 연구자들이 논의한 바 있다. 장소(place)는 공간(space)과 구별되는 보다 복합적인 개념으로, 공간이 지니는 물리적 속성 외에 특정한 활동과 상징성을 포함하는 사회문화적 성격이 강한 개념이다. 장소는 사건, 사물, 행위의 영역적 맥락(areal context)이다.[20] 공간은 장소를 형성하는 3차원적인 조직이며 장소는 매일의 생활 세계의 구체화된 현상들로 이루어진다.[21]

공간이 객관적으로 존재하는 물리적 실체라면, 장소는 인간의 인식 체계를 통해 특정한 이미지와 가치를 지니고 인지된 공간의미이다. 장

19 가브리엘레 루치우스-회네·아르눌프 데퍼만(박용익 옮김), 앞의 책, p. 77.
20 백신혜, 『장소성과 장소 마케팅』, 한국학술정보, 2005, p. 39.
21 Christian Norberg-Schulz(민경호 외 옮김), 『장소의 혼』, 태림문화사, 2001, p. 1.

소는 울타리 내부로서의 환경, 지각, 실존, 공간, 상대적 위치 및 시간, 그리고 경관 등에 의해 총체적으로 설명되는 중층 결정적 성격을 지닌다. 장소는 특정한 공간적 규모로 존재하는 물리적 실체와 인간 행위의 결과물이 인지되어 의미를 가지는 공간적 실체이다. 그곳은 인간의 활동이 일어나는 맥락인 동시에 인간이 경험을 통해 의미를 부여하는 상징적 대상이며 시간의 흐름에 따라 형성되어 가는 역동적 실체이다.

장소는 단순한 추상 공간이 아니라 구체적인 공간이며, 파올로 포르토게시(Paolo Portoghesi)가 공간을 '장소들의 체계'로 정의하고 있듯이 공간은 구체적인 상황 안에서 뿌리를 가진다. 하이데거도 공간들(spaces)은 공간으로부터가 아니라 입지(location)로부터 그 존재를 부여받는다고 말한다. 장소는 명사로 표현되는 반면, 공간은 전사로 표현된다. 즉 장소는 섬, 곶, 만, 숲, 광장, 거리 등으로 표현되는데 이는 실재로 존재하는 사물을 고려하고 있다는 것을 의미한다. 반면 공간은 −위, −아래, −앞 등 어떤 방향성을 제시할 뿐이다.[22]

이처럼 장소를 공간과 구분하는 요소는 여러 가지인 바, 근대 지리학은 장소와 사건, 인간이 필연적으로 관련되어 있다고 보고 있다. 예를 들어 신화 속의 장소는 입지 자체가 신화적 인물의 출생을 예고하며 운명을 예고한다. 장소를 형성하는 것은 그곳에서 일어나는 사건이나 사물의 의미이며 인간의 목표나 가치, 의도, 행위 등이다. 장소는 자연 현상, 문화, 역사 등이 유기적으로 결합되어 저마다의 고유한 특성을 가진 하나의 유기체이다.[23]

장소를 공간과 구별하는, 장소에 정체성과 아우라가 부여된 것을 우

---

22 위의 책, pp. 18–23.
23 백신혜, 앞의 책, pp. 41–45.

리는 장소성, 혹은 장소감, 장소의 혼이라고 한다. 장소의 정신(the spirit of place), 다소 비유적이고 낭만적인 감이 없지 않은데, 장소의 혼은 고대 로마인의 믿음에서 나온 용어이다. 그들은 독립적으로 존재하는 모든 존재는 그 자신의 혼, 즉 그 자신을 지키는 정신을 가지고 있다고 믿었다. 여기서 혼(魂)은 사물이 존재하는 것, 또는 되고자 하는 것이다.

그런데 인간의 정체성 형성은 상당 부분 장소, 사물들과 함수 관계를 갖는다. 인간은 이런 장소의 혼에 영향을 받아 자기 정체성을 형성한다. 이 때문에 하이데거는 "우리는 사물화된 존재이다. 그러므로 우리의 환경은 정위(orientation)를 용이하게 하는 공간 구조를 가지고 있을 뿐 아니라 정체의 구체적인 대상들로 구성되어 있기 때문에 중요하다. 인간의 정체성은 장소의 정체성을 전제로 한다."고 말한다.[24]

인간과 장소의 상호작용성을 특징짓는 중요 개념을 '경험'으로 규정하는 학자들이 있다. 이-푸 투안은 장소에 어떤 성격을 부여하는 그 무엇을 통틀어서 '경험'이라고 설명하고 있다. 경험은 사람들이 실재를 인식하고 구성하는 여러 가지 양식을 포괄하는 용어이다. 이러한 양식들은 후각, 미각, 촉각 등의 보다 직접적이고 수동적인 감각에서 능동적인 시각적 인지, 상징화라는 간접적인 인식까지 다양하다.

경험은 감정과 사유로 구성된다. 감정과 사유는 대립되는 것으로, 즉 전자는 주관적인 상태를 기록하는 것이고 후자는 객관적인 실재를 보고하는 것이다. 감정과 사유는 경험이라는 연속체의 양쪽 끝 가까이에 위치하며 양자 모두 앎의 방식이다. 보는 것과 생각하는 것은 밀접하게 관

---

24 Christian Norberg-Schulz(민경호 외 옮김), 앞의 책, pp. 29-30.

련되는바, 선택적으로 보고, 듣고, 냄새 맡는 것에 의해 인지되는 것과 그것에 대해 우리가 생각하는 것은 서로 상호작용하며 우리의 경험을 형성한다.[25] 우리의 이런 경험의 과정을 통해 공간은 장소가 될 수 있다.

(3) 장소 경험과 스토리텔링의 관계

결국 장소와 사람, 시간, 행위는 분리할 수 없는 하나의 통일체를 이룬다. 일단 인간이 바라보는 물리적이고 시각적인 경관은 중요하다. 가시적인 경관으로서의 장소는 성곽도시, 중심을 가진 마을, 언덕 꼭대기, 강의 합류점 같은 탁월한 모습을 통해 특징지어진다. 그러나 이런 경관이 그대로 인간에게 전해지는 것은 아니다. 그 장소에 대한 인간의 기억과 미래에 대한 기대가 현재의 경관 경험에 의해 하나의 정체성을 형성하는 것이다.

메를로 퐁티가 행위를 물리적, 활동적, 심리적 요소로 규정한 것처럼 물리적 환경, 인간 활동, 의미가 하나의 공통적인 구조를 형성하는 일련의 변증법을 구성할 수 있다. 물리적 환경과 인간 활동이 결합되면 동물적 활동 영역인 기능적 영역 속에서 인간에게 적절한 입지를 부여하고, 환경과 의미는 경관이나 도시 풍경에서 대한 직접적이고 감정이입적인 경험 속에서 결합되며 인간 활동과 의미는 물리적 환경과 별 관계없이 수많은 사회적 행위와 공유된 역사 속에서 결합된다.[26] 장소는 인간의 의도와 경험을 속성으로 한다. 의미는 변할 수 있으며 한 대상에서 다른 대상으로 옮겨갈 수 있다. 그리고 의미는 복합성, 모호성, 명확성 등 자신의 성질을 지니고 있다.

---

25 이-푸 투안(구동회·심승희 옮김), 『공간과 장소』, 대윤, 1999, pp. 23–27.
26 에드워도 렐프(김덕현 외 옮김), 『장소와 장소 상실』, 논형, 2005, p. 112.

5. 공간에 구축된 요소들과 관람객들의 건져 올리기로서의 스토리텔링

(1) 공간 스토리텔링으로서의 게임과 테마파크

우리는 이제 여기서 공간 스토리텔링의 의미를 짚어낼 수 있다. 이야기는 표현된 것의 시간적 진행 과정과 변화를 순차적으로 배열된 문장으로 말하는 것이다. 어느 부분에 의미를 부여하는가에 의해 개인에 따라 특정하게 경험되는 시간이 진술된다. 우리가 공간에서 경험하는 그 무엇은 개인의 공간 경험 방식과 개인의 그 공간에 대한 과거의 기억에 의해 결정되며 그 경험의 총체는 과거의 기억과 미래에 대한 기대 사이에 놓인다. 그런데 21세기가 되면서 상호작용성이 강한 디지털 매체로 이야기가 옮겨가면서 이야기는 수동적인 감상의 방식이 아니라 수용자 자신의 경험적 성격을 강하게 띠게 되었다. 이제 영화나 소설처럼 이미 완성된 이야기를 감상하는 형식이 아니라 직접 자신이 이야기를 만들어 가는 방식이 대중적인 인기를 끌며 고대의 연행으로서의 이야기 형식이 주목을 끌기 시작하였다.

구술 시대의 이야기는 현재진행형이며 청중의 참여가 존재한다는 점에서 놀이와 그리 멀리 떨어져 있지 않았다. 이야기꾼은 허구의 세계로 청중을 이끌어가는 과정에서 주인공의 역할도 하다가, 악당의 역할도 하면서 청중들을 거대한 환상의 세계로 이끌어 간다. 이 과정에서 청중들은 환호하거나 탄식하거나 혹은 몸동작을 하면서 그 공동의 의식에 동참한다. 구술의 공동 의식은 고대로 갈수록 더 빈번하고 진지하게 나타난다. 고대에 제의, 의식, 축제, 연극의 구분이 모호한 것은 구술성이 지니는 직접적이고 공동적인 의사소통 방식 때문이다. 즉 놀이자와 감상자가 엄격하게 구분되지 않고 분위기 속에서 극을 끌어가기 때문이다.

시(이 경우 문학, 서정시, 서사시, 극)의 요소들이 놀이 기능을 지닌다고 말한 호이징가의 견해는 시사적이다. 그러던 중 서사시가 어떤 축제 행사에서 낭송되기 위한 것이 아니라 읽기 위한 것으로 됨으로써 놀이와의 관계를 끊게 된다. 그러나 연극은 연기로 행해진다는 점에서 놀이와 영원한 관계를 맺게 된다. 연극은 '놀이(play)'라는 단어로 불리고 연극 공연이 '놀이하기(playing)'란 단어로 불린다는 점은 시사하는 바가 크다.[27] 이는 스토리와 스토리텔링의 관계와 동일하다.

RPG 게임(게이머가 주인공이 되어 역할을 수행해 나가는 게임)이 TRPG 게임에서 나왔다는 사실을 상기하자. 일종의 역할놀이인 TRPG 게임을 디지털 매체에 옮겨놓은 것이 RPG 게임이다. 즉 컴퓨터 게임은 놀이인 것이다. 이야기는 활자 매체에 옮겨진 후 사람 사이의 상호작용과 소통, 즉 놀이로서의 상호작용성을 잃어버리게 된다. 그런데 디지털 매체의 등장으로 이야기는 다시 직접성을 회복하며 이야기성 속에 놀이의 요소를 획득하게 된 것이다.

연극이 종합예술이라는 점, 게임에 가장 가까운 장르로 연구자들이 영화를 들고 있다는 점은 문학 혹은 구비 서사의 일종이었던 연극이 얼마나 게임과 가까운가를 알려주는 예가 된다. 연극은 의상과 가면, 무대 장식, 무대 세팅, 색채, 명암, 몸짓 등의 시각적 요소와 템포, 소리, 음색, 대사, 노래, 서사 등의 청각적 요소를 지니고 있다.[28]

---

27 J. 호이징가(김윤수 옮김), 『호모 루덴스』, 까치, 1981, pp. 169–170.
28 J.L. Styne(장혜전 옮김), 『연극의 경험』, 소명출판, 2002, p. 15.

그런데 놀이에는 필연적으로 공간이 필요하다. 그렇다면 공간 인식이 어떻게 이야기가 될 수 있는가? 대상물로부터 느껴진 감응을 지각하는 과정인 시각 경험은 단편적인 정보를 받아들이는 시감각으로 이루어진다. 눈이 상황을 시각적으로 인지한다면 두뇌는 수용된 메시지들을 하나의 시각적인 이미지로 종합하는 작용을 한다. 여기에 사운드가 있고 시각적 자극에 일정하게 반응하는 몸동작이 존재한다. 시감각과 청각, 이런 동작들이 만들어낸 경험이 시간의 축에 따라 배열되고 내가 이들의 관계를 종합적으로 파악하는 작업을 통해 시간적 연쇄에 의해 종합된 구조가 지니는 총체적인 의미의 인식에 도달하게 된다. 이것이 게임의 스토리텔링이다.

이때 몸동작은 아바타의 그것과 일치하지는 않는다. 즉 손가락으로 키보드를 누르는 행위가 아바타를 나아가게 하지만 이 차이는 키보드를 수십 번, 수백 번 누르는 동안 하나의 대응방식이다. 그러나 일체감을 보이게 된다. 즉 나의 어떤 행동이 아바타에게 동일한 행동을 야기한다는 점에서 나와 아바타는 일치한다.

내가 그런 동작을 하는 것은 아바타의 프로그래밍된 정보이며 그 정보는 게임의 초반부에 강렬한 영상과 사운드를 통해 스토리텔링으로 나에게 제시된다. 나는 그 제시된 정보에 나를 일치시키려 노력하며 아바타를 유도한다.

이처럼 디지털 매체에서의 스토리텔링이 공간을 뛰어다니며 과업을 완수하는 아바타에 게이머가 자신을 감정 이입시키는 유사 공간 탐색이라면 테마파크는 실제 공간을 뛰어다니며 이야기를 경험하는 스토리텔링이다. 테마파크에서 관람객들은 건물과 다양한 이벤트의 배치를 공간 체험하면서 나름대로 이야기를 만들어 가는데 그 방식은 물론 소설을 읽는 것과 다르다. 대상물로부터 느껴진 감응을 지각하는 과정인 시각 경험은 단편적인 정보를 받아들이는 시감각들을 통해 이루어진다. 눈이 상황을 시각적으로 인지한다면 두뇌는 수용된 메시지들을 하나의 시각적 이미지들로 종합하는 작용을 한다. 이때 공간의 경험이 연속적으로 이루어지는 경우, 사람은 매순간 획득된 시각적 경험을 시간의 축에 따라 배열하고 이들의 관계를 종합적으로 파악하는 작업을 통하여 시간적 연쇄에 의해 종합된 구조가 지니는 총체적인 의미의 인식에 도달하게 된다.[29] 기호학이나 도상학이 하나의 시각경험에 대한 해석이라면 서사학은 일련의 이야기 연쇄에 대한 해석이라 할 수 있다.

(2) 시공소 속에서 결정되는 자아의 정체성으로서의 스토리텔링

서사에서의 시공간 문제는 원래 바흐친이 크로노토프(chronotope)란 개념으로 깊이 있게 연구한 바 있다. '크로노토프'는 그리스 어를 어원으로 하며 'chronos'와 'topos'의 합성어로 시공간, 혹은 시공소로 번역된다. 미하일 바흐친(Mikhail Bakhtin)은 크로노토프를 '문학에서 예술적으로 표현되는 시간적이고 공간적인 관계들의 본질적인 관련'이라고 말한다. 원래 이 개념은 바흐 아인슈타인의 상대성 원리에서 빌린 것으로 문학에서는 은유적 차원에서 쓰이고 있다. 그리고 이 개념은 시간과 공간의 비분리성을 지적한 탁견이라 할 수 있다. 문학에서 시공소, 공간적이고 시간적인 지시자들은 용의주도하고 구체적인 것 속에 녹아 있다. 시간은 촘촘해지고 육화되며 예술적으로 가시적인 것이 된다. 마찬가지로 공간은 시간, 플롯과 역사의 운동에 민감하고 그것에 담당되어 있다.

---

29 양상현, "조선시대 사찰 배치의 서사구조", 서울대 건축학과 박사학위 논문, 1999, pp. 3–5.

이런 지시자들의 융합과 교차가 예술적 시공소를 특징짓는다.[30]

바흐친에 의하면, 문학 작품이나 예술 작품 속에서 시간적이고 공간적인 결정은 서로 분리할 수 없고 항상 감정과 가치에 의해 채색된다. 자아는 한 개인의 실제 행동과 관조된 행동 속에 존재한다. 그러므로 공간과 시간은 자아를 결정한다.

그러나 바흐친의 시공소에 대한 견해는 시대에 따라 소설의 장르가 어떻게 변모하는가를 비교하는 요소로써만 사용되었다는 점에서 한계를 지닌다. 즉 초기 서사 장르는 시간과 공간을 추상적으로 그려서, 원칙적으로 어떤 시간, 어떤 장소에서나 일어날 수 있는, 행동에 대한 단순한 배경으로서 재현한다. 한편 다른 어떤 장르는 시간과 공간을 독특하고도 구체적으로, 즉 작중인물들의 사고와 행동을 형성하는 실체로 재현한다는[31] 점만을 부각시킬 뿐 구체적으로 시공소와 자아의 형성 관계를 밝히지는 않았다.

(3) 구축된 이야기와 공간 경험의 상호작용으로서의 스토리텔링

이제 시간과 공간의 흐름 속에서 체험자가 어떤 방식으로 이야기를 형성해 가는가 그 규칙을 도출해내어야 할 시점에 이르렀다. 테마파크 스토리텔링의 기본 원리는 과거의 경험으로서의 스토리텔링과 현재 공간에서 수용자가 그 스토리텔링을 상기하면서 자신의 체험을 만들어가는 과정의 상호작용으로 이루어져 있다.

예를 들어 디즈니랜드는 그들이 애니메이션으로 만들었던 많은 설화

30 Bakhtin, M.M., The Dialogic Imagination, Univ. of Texas Press, 1982, pp. 84-85.
　　　　, 『著作集8巻』, 新時代社, 1984~1986.
　　　　, Rabelais and His World, The M.I.T. Press, 1968.
31 김욱동 편, 『바흐친과 대화주의』, 나남, 1990, pp. 80-81.

들의 공간화로 이루어져 있다. <백설공주>, <인어 아가씨>, <신데렐라> 등의 이야기를 읽거나 애니메이션으로 본 관람객들은 이야기 속의 등장인물들로 분장한 캐릭터들과 만나 악수를 하기도 하고 사진을 찍기도 한다. 신데렐라가 탄 호박 마차에 앉아 신데렐라가 된 듯한 공상에 빠지기도 한다. 백설공주가 살았던 성을 그대로 본뜬 모형 속에 들어가 공주가 살았던 공간의 아우라를 느끼며 과거 자신의 독서나 청취 속에 남아 있는 기억을 환기시킨다. 이제 구축된 이야기는 개인의 공간 속에서의 행동, 즉 이야기하기(storytelling)에 의해 새로운 이야기로 거듭난다.

테마파크에 존재하는 캐릭터, 건축물, 탑승물과 관람객이 그것을 관람하는 행위는 디지털 스토리텔링에 있어 프로그래머의 데이터 제공과 게이머의 건져 올리기와의 관계, 텍스톤(texton)과 스크립톤(scripton)과의 관계와 유사하다. 기본 자료들이 이미 공간 속에 구축되어 있고 건축가 혹은 설계사의 의도를 고려하면서 관람객들은 자신의 과거 기억을 통하여 이야기를 환기시키며 경험을 통하여 자신의 이야기를 구축한다. 관람객의 이 스토리텔링의 행위는 그의 취향이나 그때의 상태에 따라 여러 번 거듭해도 동일하지 않다. 이처럼 다양한 경우의 수를 가지는 이야기 구조는 관람객으로 하여금 테마파크를 재방문하게 한다.

6. 결론

필자는 이 장(章)은 주로 인쇄매체에서 논의되던 서사구조가 공간, 디지털 매체, 상품 등 전 영역으로 확산된 시대적 상황에 주목하면서 그중 하나인 공간의 스토리텔링의 이론을 정립하기 위한 시도를 하였다. 공간 중 21세기의 특징적 형태인 테마파크화에 주목하면서 그 핵심 요소를 스토리텔링으로 파악하였다.

이야기의 범위는 원래 시간 속에 발생한 변화에 대한 언어적 표현이며, 표현된 것의 시간적 진행 과정과 변화를 순차적으로 배열된 문장으로 말하는 것이 이야기의 구성적 자질이다. 의미를 부여하는 순서에 따라 단순한 사건의 시간적 연속은 이야기 또는 플롯이 된다. 또 지금까지 공간과 장소에 대한 많은 논의가 있어 왔다. 장소는 사건, 인물, 행위의 영역적 맥락이며 인간의 인식 체계를 통해 특정한 이미지와 가치를 지니게 된다.

이야기와 시간, 공간의 관계를 융합하면 테마파크의 스토리텔링이 된다. 관람객이 공간의 이동에 따라 인지되는 경험을 자신의 기억 속에서 종합함으로써 그의 시간 경험은 하나의 이야기로 재구성되며 이를 통해 관람객은 자신의 정체성을 획득하게 된다. 여기서 획득한 자기 정체성은 장소의 정체성, 장소의 혼을 이루는 데 하나의 역할을 하게 된다. 그리고 이렇게 첨부된 장소의 혼은 다른 관람객의 이야기 만들기에 영향을 끼치게 된다. 장소의 혼과 관람객의 이야기 만들기의 상호작용은 게임의 스토리텔링 방식과 매우 유사하다는 점에서 주목할 만하다.

1. 도시와 테마파크

(1) 도시의 스펙타클화와 테마파크화

근대 산업사회, 소비사회에서 상품의 미학화, 일상의 미학화가 가중되면서 도시는 점차 볼거리의 공간으로, 즉 스펙터클화 되어간다. 근대 초기 백화점의 윈도 진열, 시베리아 횡단의 파노라마와 다중투사기의 스펙터클이 존재하는 박람회장, 이런 카니발적인 공간이 근대 도시의 면모였다. 도시민들은 저녁이나 휴일이면 저마다 도심의 가로수 길을 걸으며 화려한 쇼윈도의 불빛을 만끽하면서 도시의 구경거리를 즐기곤 했다. 당시 대도시는 예술적·지적 대항문화, 보헤미아와 예술적 아방가르드, 새로운 감각의 영역인 다양한 매체에 매료되고 사로잡히게 된 구성원들과 이런 감정으로 더 많은 관중과 공중에게 퍼트리고 자극하고 공식화하는 매개자로서 역할을 하는 사람들의 장소가

되고 있었다.[32]

도시 계획에서 근대의 시작은 구미의 경우 19세기 후반에서 20세기 초두에 대두되기 시작했으며 일본의 경우에도 1919년 도시계획법이 제정된 이후부터 근대적인 도시계획이 시작되었다. 그리고 1934년 실시된 조선시가지 계획령이 일본의 도시계획법을 모방한 것이라는 점에서 이 계획령이 근대도시계획법임이 틀림없다.[33]

한성은 대한제국의 멸망과 함께 독립국의 수도로서의 통치기능(대외 연결, 변경 통제의 기능 등)을 완전히 상실하고 일본의 일부 지역의 관리를 맡는 지방적 수도로 격하됨과 동시에 그 규모도 8분의 1로 축소되고 말았다. 시역의 대폭 축소는 국권의 상실로 수도의 통치 기능량이 약 9분의 1로 크게 줄어든 것과 일치한다. 이 때문에 서울의 공간 범위는 북·동·서에는 거의 도성 이내로, 남쪽에서는 한강 이북으로 정해졌다.

그러나 1930년대에 와서는 한반도가 일제의 대륙침략을 위한 병참기지가 되었고 그 기지의 구실은 특히 1937년의 중일전쟁 직전에 가장 활발히 수행되었다. 그러한 과정을 거쳐 오면서 조선총독부의 기능은 활발해졌고 그에 따라 식민지 수도 경성의 통치, 행정 기능도 늘어났다. 도시 외관도 좀 더 근대적인 모습을 띠기 시작했다.

---

32 마이크 페더스톤(정숙경 옮김), 『포스트 모더니즘과 소비문화』, 현대미학사, 1999, p. 113.
33 이명규, "한국 근대 고시계획제도의 발달과 서울", 『동양 도시사 속의 서울』, 서울 시정개발연구원, 1994, p. 427.

경성 중심가

양식 고전 건축물이 서기 시작한 남대문통

서구식 건물이 들어서기 시작한 종로통

황금정(을지로) 입구에 있었던 일본 생명보험 건물

그에 발맞추어 1934년에는 전 조선에 걸친 도시계획에 관한 최초의 법령이라 할 수 있는 조선시가지계획령이 마련되었다.[34] 그 법령에 의거하여 조선총독은 조선의 시가지 계획구역 안에 1) 주거지역, 2) 상업지역, 3) 공업지역을 지정할 수 있었고, 풍치지구·미관지구·방화지구·풍기지구도 지정할 수 있게 되었으며, 토지 구획정리도 시행할 수 있게 되었다. 또한, 건물의 높이, 구조 등에 관한 규정도 만들 수 있게 되어 서울 시내 기간 도로들을 따라 공간 재조직이 한국인의 이익과는 상관없이 속속 진행되었다. 특히 일본인 주거지역으로서 용산이, 일본인을 위한 편의시설, 관공서, 생필품 판매의 상가로서 황금정(을지로), 명치정(명동), 장곡천정(소공동), 본정(충무로)이 구획정리되어 경성은 외관상으로 근대 도시의 위용을 갖추게 되었다.[35]

경성의 도시화 과정 중 특기할만한 사실은 남촌(南村)과 북촌(北村)이 대립되어 형성되고 있다는 점이다. 고종 22년(1889) 2월, 일본 민간인의 서울 거주가 허용된 이후, 일본은 자국인들의 안전을 위해 일본 공사관과 영사관 주변에 그들을 집단 거주시킬 필요를 느꼈다. 그리하여 진고개 일대, 즉 오늘날의 예장동, 수자동에서 충무로 1·2·3가, 명동에 이르는 지역을 일본인 거주 지역으로 삼았다. 이후 일본의 세력이 강대해짐에 따라 일인 거주 지역이 더욱 확장되어 1917년 현재 충무로 필동뿐만 아니라 남대문로, 남산, 명동, 저동, 오장동, 소공동, 주자동, 회현동, 태평로, 을지로 일대가 일인의 거리로 확대되고 간선도로도 그런 방향으로 확장되었다. 그리하여 청계천을 경계로 일본인 거주 지역인 남촌과 한인 거주 지역인 북촌이 형성되었다. 일인의 중심지

---

34 산정용웅, 『대경성사진첩』, 경성출판사, 1927.
35 임덕순, 『600년 수도 서울』, 지식산업사, 1994, pp. 110–117.

였던 남촌은 당시 경성의 대표적인 공업지역과 상업지역으로 손꼽히고 있다.[36]

당시 공업지대는 한강에 인접한 용산 남부 지역이고 상업지대는 을지로를 중심으로 하여 명동, 저동, 인현동, 초동, 예관, 오장동, 충무로, 남대문통, 종로 1~5가였다. 종로를 제외하고는 근대도시의 풍모를 볼 수 있는 공업·상업지역의 대부분이 남촌인 것이다.[37] 이런 남촌 편중 현상은 경제력의 우위뿐 아니라 시설의 압도적인 우위로도 나타난다. 그 증거로 당시 공공건물의 위치를 살펴보자.

조선총독부	세종로 1번지
경성부청	태평로 1가 32번지
경성 부민관	태평로 1가 60번지
경성재판소	서소문동 37번지
조선은행	남대문로 3가 110번지
식산은행	남대문로 2가, 현 롯데백화점 자리
경성우편국	충무로 1가
동양척식주식회사	을지로 2가, 현 외환은행 자리
경성일보사	태평로 1가
경성상공회의소	소공동
경성전기주식회사	남대문로 2가
총독부 경성도서관	소공동 6번지
총독부 상공장려관	남대문로 4가
조선호텔	소공동 87번지[38]

---

36 손정목, 『일제강점기 도시화 과정 연구』, 일지사, 1996, pp. 355-398.
37 중간인, "외인의 세력으로 관한 조선인 경성", 개벽, 1924. 6.
38 손정목, 앞의 책, p. 383.

경성우편국

경제 수탈의 복마전 동양척식주식회사

총독정치의 앞잡이 경성일보사

조선호텔

일본 동경은 대지진이 있었던 1923년 말, 소위 제도부흥계획이라는 것을 세워 1929년까지 6년 동안 약 7억 원을 투입하여 일차적인 부흥 사업을 완성시키고 있다. 특히 내각총리대신관저, 삼정본관, 제국생명 빌딩, 삼월백화점, 제일은행 본점, 상야 정거장 등의 주요 건물을 포함 하여 모두 156개의 건물을 1927년부터 1931년까지 5년간에 걸쳐 건축 하고 있다.

경성도 마찬가지여서 1920년대에서 1930년대의 전반에 걸쳐 가장 많은 건물이 세워져 태평로, 남대문로 등의 모습이 완전히 새로워지고 있다. 이에 발맞추어 1912년에 시작된 토지 조사 사업과 1911년 조사 회사령 등은 이제까지의 토지 소유권의 개념을 붕괴시켰으며 산업구조 및 경영을 일본인이 통제하는 수단이 되었다. 토지조사사업은 당시까 지의 농민층을 양극 분해하여 소작농으로 전락시키거나 부랑민을 만들 어 일자리를 찾아 도시로 유도함으로써 경성의 인구를 급증시켰다. 그 리하여 1930년 당시 394,200여 명이었던 경성의 인구는 1940년 935,500여 명으로 늘고 있다. 이는 그 당시로서 보기 드문 엄청난 증 가율이었으며 당대 세계적인 도시의 수준에 해당하는 것이었다. 그 증 거로 1940년 일본에서 인구 100만을 넘는 도시는 동경, 대판 등 5개 도시뿐이었으며 전 세계적으로는 50개 정도에 불과했다고 한다.[39]

이 시기에는 다양한 교통수단이 매우 급속히 확대되었다. 자전거, 승 합차, 전차 등이 등장하였으며 광화문통, 서대문통, 종로, 황금정이 높 은 통행량을 보인 지역이었다.[40] 1930년쯤에 이르면 경성은 긍정적인 면에 있어서나 부정적인 면에 있어서나 일제 강점기의 근대 도시로서

---

39 손정목, 『일제 강점기 도시화 과정 연구』, 일지사, 1996, pp. 285-294.
40 원제무, "서울시 교통체계 형성에 관한 연구", 『서울학 연구』 2집, 1994. 10.

용산역

의 면모를 보이고 있는 셈이다.[41]

장곡천정 입구는 일본인 거리의 길목에 해당하는 곳이었다. 이곳은 경성 내의 내지인을 위해 형성된 상가로였던 본정의 입구였던 바, 본정은 당시 경성의 은좌라는 호칭을 받을 정도로, 길 양측에 내지인의 일류 상점들이 죽 늘어서 있어, 밤에는 오정목에 달하는 불빛이 죽 늘어져 있어 지금 보아도 장관의 야경을 이루고 있었다.[42] 결국 이곳은 거리의 이름만큼이나 동경과 가까웠던 곳이었다.[43]

41 최혜실, "경성의 도시화가 한국 모더니즘 소설에 미친 영향", 『서울학 연구』 9집, 서울학연구소, pp. 178–180.
42 『대경성사진첩』, p. 5, 본정 입구 관장 북측에는 르네상스식 철근 화강암 석조건물인 조선은행, 동양 일류의 호텔이라던 조선호텔, 역시 3층의 웅장한 석조건물이었던 경성우편국, 경성부청의 관공서가 있었고, 삼월, 삼중정, 평촌 백화점들이 지점을 내고 있었다.
43 예컨대 장곡천정은 일본 장군의 이름(서울안내, 1948), p. 45.

용산우체국

이제 근대 도시 경성은 예술적, 지적 대항문화와 보헤미아와 예술적 아방가르드, 새로운 감각의 영역인 다양한 매체에 매료되고 사로잡히게 된 구성원들과 이런 감정으로 더 많은 관중과 공중에게 퍼트리고 자극하고 공식화하는 매개자로서 역할을 하는 사람들의 장소가 되고 있었다.[44]

한국 근대 모더니즘 문화는 이런 경박성과 진지함의 긴장관계에서 발생한 도시의 문화이다. 일제에 의한 개혁령에 의해 정비된 경성은 일제 치하에서 엘리트로의 진입의 기회가 제한된 엘리트들의 '산책로'였다. 비록 벼락부자가 된 속물들의 취향을 맞춘 절충주의 건축이란 비판

---

44 마이크 페더스톤(정숙경 옮김), 앞의 책, p. 113.

은 받지만 웅장하고 화려한 위용을 자랑하는 총독부 건물, 경성역, 화신백화점, 미쓰비시백화점, 경성부청 등의 건물과 전차, 자동차, 군중들로 북적이는 경성공간을 반바지 차림에 헬멧 모자를 쓴 댄디보이 김기림과 실크햇에 연미복을 입고 스틱을 젓는 갑바머리의 박태원, 검정 두루마기의 시골 오입장이 같은 김유정, 작소머리에 검은 양복, 흰 구두를 신은 이상이 걷고 있다. 시선을 끌 만한 옷차림으로 거리를 걷고 다방에서 재담을 주고받는 이들의 경박성은 물질문명으로 휘황찬란한 경성과 묘한 긴장감, 묘한 조화를 이룬다.[45]

일상의 미학화, 스펙터클화는 디지털 시대의 탈근대에 이르러 보다 본격적이고 전면적으로 진행된다. 가상공간의 놀이성이 공간화되고 일터와 놀이터의 구분이 모호해진 지금, 도시의 놀이성은 더욱 증강된다. 메가플렉스는 엔터테인먼트 경제가 공간에 증강되는 방식을 보여주는 좋은 예이다. 거대한 쇼핑몰과 놀이공원, 은행 등이 한 지역에서 도심을 형성하며 구매와 소비행위에 오락성을 증대시키고 있다.

최근의 유비쿼터스 공간은 디지털 게마인샤프트적인 놀이성을 우리 앞에 새롭게 선보이고 있다. 휴대전화 등에 의해, 그리고 사물 속으로 숨어버린 컴퓨터 칩에 의해 새롭게 형성된 인간관계는 공간의 거리를 무화시키며 도심공간을 새롭게 형성하고 있다. 이 마법적인 공간 형성 방식은 도시의 테마파크화와 비슷한 양상으로 전개되고 있는 것이다.

---

45 최혜실, "〈소설가 구보씨의 일일〉에 나타나는 산책자(la flâneur) 연구", 『관악어문연구』 13집, 1988. 12. 31, pp. 197-198.

총독부

화신백화점

경성부청

경성역

(2) 그랑모또의 스토리텔링의 한계

　그랑모또(Grande Motte)는 그랑모또 지역을 포함하여 스페인 국경 지대에 이르는 180km에 걸친 광범위한 해안 지역을 개발하기 위한 랑그독·루시옹 개발 계획의 일부로써 시작되었다. 1960년대 초 정부의 지역개발 정책에 대한 관심과 드골 대통령의 적극적인 의지에 의해 도시개발이 시작되었다. 1963년 랑그독·루시옹 해안관광개발본부가 설치되면서 본격적인 개발이 시작되었는데 당시 피에르 라신이 개발본부의 최고 책임자로서 개발에 관한 전권을 위임받아 추진, 1974년 10월 그랑모또 시가 탄생하였다.

　건축공사에서는 장 발라드가 1900년 해안 개발 방식에 이용되어 왔던 기본 콘셉트를 탈피하여 매우 독창적인 아이디어를 적용하였다. 당시 퐁피두 수상이 발탁한 젊은 건축가 장 발라드는 피라미드 형태의 건물 형태를 기본으로 통일성 있는 도시 외관을 만들어내었다. 그는 브

그랑모또의 해안과 피라미드 형태의 건물들

라질을 여러 차례 방문하여 아이디어를 얻었으며, 브라질리아 도심 건물 건축 프로젝트에 참여한 경험을 그랑모또에 적용하였다고 한다.

그랑모또는 전형적인 관광도시이다. 2004년 현재 상주 인구는 8,500명이며 약 4,500채의 영구 주택과 19,000채의 주말 주택이 있다. 즉 숙박, 요식업 등 관광산업에 종사하는 인구 정도가 상주하고 있을 뿐 여름과 주말에 프랑스의 국민들이 휴가를 즐기기 위해 인공적으로 건설된 관광레저 도시인 것이다.

최성수기인 7월 15일에서 8월 15일에는 12만 명 정도의 관광객을 수용할 수 있는 숙박 시설이 완비되어 있다. 1,300~1,400대의 요트 정박이 가능한데 독특한 설계로 집 앞에 정박되도록 되어 있다. 골프장, 항구, 컨퍼런스 홀, 요트 클럽, 테니스 코트, 해양레저 시설, 체육관, 승마장 등 대부분의 시설물을 시에서 관리하고 있다.

그랑모또 해안에서 휴가를 즐기는 프랑스 국민들

그랑모또의 성공 요인은 풍부한 녹지대 조성, 독특한 건축물 디자인, 태양과 해안, 유럽의 장기 휴가 제도를 꼽을 수 있다. 298ha의 녹지대를 조성하여 도시의 녹지율은 70%이며 도시 곳곳을 가로지르는 20km의 보행자 산책로를 조성하여 보행자와 자전거 이용자의 천국으로 꼽히고 있다.

이처럼 그랑모또는 여름용 관광 휴양지로 천혜의 요소를 지녔다는 점은 부인할 수 없으나 삶과 놀이성, 생산이 혼재하는 살아 있는 도시의 모습을 지니지는 않았다. 이는 관광체험이나 구경을 즐기기보다 도시를 탈출하여 한 장소에서 오래 머물면서 요트를 타고 휴식을 취하는 유럽의 전통적인 휴가 방식에서 나온 특수 공간일 뿐이다.

실제로 2005년 필자가 그랑모또 시를 방문했을 때는 7월 성수기였음에도 불구하고 도시 전체는 한산하기 이를 데 없었으며 뜨거운 태양 아래의 산책은 오히려 고통스러울 지경이었다. 단지 해변가의 수영과 요트 정도가 흥미를 끌었을 뿐이었다. 21세기형 도시 공간과는 거리가 멀어보였다. 이곳에서는 개인 체험의 기억으로서의 스토리텔링적 요소가 극히 느슨하고 미약하다. 놀이라기보다는 휴식이란 단어가 알맞은 도시라 볼 수 있다.

풍부한 녹지대와 골프장

(3) 두바이의 스토리텔링의 역설

워낙 유명한 도시 두바이는 아랍에미리트 내 7개 토후국 중의 하나로 면적은 3,885km², 인구는 120만 명에 불과하지만 GDP는 아랍에미리트의 25%를 차지하고 있다. 아랍에미리트는 세계 제3위의 산유국이면서 세계 제4위의 가스 보유국이다. 아랍에미리트의 대부분의 자원이 아부다비에 집중되어 있고 두바이는 부존자원이 미약하여 두바이의 GDP 중 비석유 부문의 비중이 93%에 달할 정도로 석유에 대한 의존도가 낮다. 그러나 두바이는 걸프 지역에서 대형 선박이 정박할 수 있는 유일한 지역이어서 석유의 집산지, 물류도시로서 기능을 활발히 하고 있다. 또 지정학적으로 유럽과 아시아·태평양의 중간에 위치하고 있어서 발전 잠재력이 크다.

현재 두바이에서 진행되고 있는 도시설계 과정은 탈석유 경제 정책과 지리적 이점을 활용하는 방향으로 진행되고 있다. 여기에 국제 경험이 풍부한 두바이의 셰이크 모하메드 왕세자가 시인의 감수성과 강력한 리더십을 동시에 발휘하고 있다. 현재 왕세자가 상당수 개발 사업 아이디어를 내놓고 추진하고 있는 것으로 알려지고 있다. 그가 주도하고 있는 것으로 대표적인 프로젝트는 인공섬 개발(Palm Island), 인터넷 시티이다.

상공에서 바라본 두바이 팜 주메이라, 팜 쟈발알리, 팜 데이라

두바이의 주메이라비치버즈알아랍 호텔과 주메이라 모스크

한창 공사 중인 두바이

인공섬 개발 프로젝트는 바다 위에 인공섬을 만들어서 분양하는 계획이다. 팜 아일랜드(Palm Island) 세 개와 더 월드(The World)를 건설하는 사업으로 팜 아일랜드는 팜 주메이라(The Palm Jumeirah), 팜 쟈발알리(The Palm Jebel Ali), 팜 데이라(The Palm Deira)로 구성되어 있다. 팜 아일랜드에는 주거 및 레저시설이 들어설 예정인데 달에서도 식별이 가능한 야자수 모양의 거대한 인공도시로서, 700만m³의 모래를 아랍에미리트 전역에서 가져와 매립을 하였다.

팜 주메이라는 직경 5.5km의 거대한 섬으로 특급 호텔, 고급 빌라, 아파트, 고급 쇼핑센터, 요트장 등 레저시설이 2003년 세계 부동산 시장에 공개된 지 3주 만에 분양되는 기록을 세웠으며 2008년 현재 완공되었다. 팜 쟈발알리는 직경 7.5km로서 원 가운데 고층빌딩으로 이루어진 중심가를 계획하고 있다. 2008년 현재 곧 완공 예정이다. 더 월드는 바다 위에 세계 지도 모양의 인공섬을 건설하는 프로젝트로서 직경 7km의 크기를 자랑하며 2008년 현재 완공되었다. 참고로 한국 섬(Korean Island)의 면적은 9천 평, 분양가는 250억 원 정도이다. 인공

적으로 만든 도시에서 연중 계속해서 각종 이벤트를 개최하며 세계 수
준의 쇼핑 페스티벌, 스포츠 이벤트 등을 개최하여 관광객들을 유치할
예정이다. 두바이의 관광객 수는 2002년 4백 8십만 명에서 2010년 1
천 5백만 명으로 늘어날 것으로 전망된다.

창의력과 풍부한 시적 상상력이 만들어낸 공간이라는 세계인의 상찬
이 끊이지 않는 두바이, 그러나 실제로는 막대한 오일 머니가 이루어낸
개가라는 현실이 더 강한 곳이다. 오히려 스토리텔링은 아주 작은 곳에
서 이루어질 수 있다. 참고로 필자가 2005년 여름, 두바이에 갔을 때 체
험했던 모래 관광을 예로 들어 보겠다. 땅 속의 검은 보석, 석유가 발견

해질 무렵 두바이 사막의 풍경.
사막에는 사파리투어와 낙타투어가 있다.

되기 전까지만 해도 두바이의 재산은 햇볕과 모래뿐이었다. 이 두 가지를 이용하여 이야기 관광을 하는 것이다. 이 코스의 가장 적절한 시간은 오후 3~4시이다. 아직 환한 대낮이며 저녁이 될 때까지 두세 시간을 남겨둔 이즈음에 관광객들은 사파리차에 몸을 싣는다. 사파리차의 기사는 시종일관 진지한 태도로 사막 사파리 투어가 매우 힘들다는 것, 차가 전복될 가능성이 많으니 안전벨트를 매라는 것, 어쩌면 길을 잃을 수도 있다는 것을 설명하면서 잔뜩 겁을 준다. 이윽고 차는 가도 가도 끝이 없는 모래 언덕을 오르고 내린다. 급경사길을 오르고 내릴 때마다 거의 청룡 열차 타는 기분이었으며 한참을 지난 후 차는 모래 구덩이에 빠져 버린다. 밧줄을 이용해 억지로 차를 끌어낸 다음 다시 길을 떠나는데 어느덧 해는 서쪽으로 지고 있다. 초조한 마음이 드는 관광객들에게 기사는 다시 엄포를 놓는다. 집을 못 찾을 수 있다고……

캄캄해진 다음에야 마을의 불빛이 보인다. 이미 많은 사람들이 마을에 모여 있다. 사파리차를 타고 온 사람도 많지만 낙타를 타고 온 사람도 적지 않다. 집시를 찾아가 문신도 새기고 점도 본다. 장신구를 파는 가게도 있다. 한참을 지나니 양고기 굽는 냄새가 난다. 성찬을 먹고 나서 관광객들은 아름다운 무희의 춤을 구경하다 같이 춤을 추고 논다. 이윽고 불이 꺼진다. 누워서 쏟아지는 사막의 별을 본 후 다시 불이 켜진다.

여기서 모래와 햇빛은 단순한 공간이지만 관람객들은 여러 이야기를 체험함으로써 그 공간에 장소감을 형성한다. 테마파크 스토리텔링의 기본 원리는 과거 경험으로서의 스토리텔링과 현재 공간에서 수용자가 그 스토리텔링을 상기하면서 자신의 체험을 만들어가는 과정의 상호작용으로 이루어져 있다. 우리는 이미 사막에 관련된 영화나 소설들을 오

무희의 춤을 감상하는 관광객들

랫동안 감상해 왔기 때문에 모험이나 위험, 이국 취향의 엑조티즘 등의 스토리텔링에 익숙해져 있다. 이런 이야기의 경험을 지니고 있는 관광객들은 사파리차의 모험과 마을 체험, 무희들의 춤의 재현을 통해 자신이 근대 이전의 유목민이 된 듯한 공상에 빠진다. 관광객들은 옛날 유목민들의 주거지를 재현해 놓은 장소에 들어가 그 자취를 느끼며 과거 자신의 독서나 시청 속에 남아 있는 기억을 환기시킨다. 이제 구축된 이야기는 개인의 공간 속에서의 행동, 즉 이야기하기(storytelling)에 의해 새로운 이야기로 거듭난다.

어쩌면 가장 두바이적인 스토리텔링은 막대한 물자를 투입하여 완성한 인공섬 프로젝트가 아니라 모래와 사막으로 이루어진 간단한 사막 사파리 관광인지 모른다.

(4) 헤이리의 스토리텔링

헤이리는 다양한 문화 장르가 한 공간에서 소통하는 문화예술 마을을 지향하여 1994년부터 구상, 1997년 발족되어 경기도 파주시 탄현면에 건설되었다. 15만 평의 규모로 작가, 미술인, 영화인, 건축가, 음악가 등 370여 명의 예술인들이 회원으로 참여해 집과 작업실, 미술관, 박물관, 갤러리 등 문화예술 공간을 지어 살고 있다. 마을 이름은 경기 파주 지역에서 전해져 내려오는 전래 농요인 '헤이리 소리'에서 따왔다. 아름다운 생태와 교류를 통한 창작 환경 속에서 시대를 앞서가는 문화예술인들의 성과들이 창출되리라는 기대감이 큰 곳이다. 환경 친화와 생태라는 새로운 시대의 패러다임을 수용하여 문화예술의 특성에 따른 공간 입지 배분이 상호 시너지 효과를 유발한다.

지역은 전반적으로 기존의 조닝(zoning) 개념을 벗어난 탈중심적이고 그린 네트워크가 이루어지는 비기하학적인 느린 체계로 이루어져 있다. 자연 속의 인공을 지향하여 인공 지역과 녹지 지역의 경계가 모호하며 자연 생태 속에 건축 풍경을 담았다고 볼 수 있다. 인공과 자연의 관계가 친화적이고 소통적이다.

경계와 소통의 변증법은 건축과 건축 사이에서도 마찬가지로 나타난다. 오픈 스페이스, 마당, 사이 공간, 틈이 특징으로 지역과 지역의 구분이 명확하지 않고 상호 중첩된다. 외형상의 특징은 첫째, 건물의 볼륨과 높이를 12m 이하로 규제하여 전체적인 경관의 질서를 유지하였

헤이리 안내도

아트숍
아트팩토리, 이정규 장신구

갤러리
금산갤러리, MOA갤러리

게스트 하우스
마당안숲, 구삼뮤지엄갤러리포커스

다. 둘째, 물성을 왜곡시키는 재료인 반사유리, 페인트, 금속 패널을 지양하고 시간성을 인식할 수 있는 재료인 목재, 철, 동판, 노출 콘크리트, 투명유리의 사용을 권장하였다. 원래 그 자리에 존재하던 건축인 것 같으면서 재료와 유기체 사이의 혼종이 특징이다. 재료의 물리적 처리를 강조하는 디테일 처리를 하였으며 미니멀리즘의 형식을 지닌다.

이런 공간 구조를 지니는 헤이리의 장소성은, 그러나 아직 제대로 형성되어 있지 않다. 즉 문화예술의 창작과 전시 공간이면서 판매 공간, 주거공간이란 세 요소를 표방하였으나 그 세 요소가 유기적으로 융합되어 있지 못한 것이다. 즉 생산, 향유, 소비의 불균형과 단절이 있어 전반적으로 살아 움직이는 느낌을 지니지 못하고 있다.

서점
아티누스, 한길북하우스

카페
로빈스래터스, 써니

레스토랑
식물감각, 유나

　지금 헤이리에는 김정재 조각 공방, 한스 하우스 같은 워크숍이나 아트 팩토리, 이정규 장신구 등의 아트숍 등이 위치해 있어 많은 예술 작품들이 창작되고 있다. 또 전시 박물관, 공연 소극장, 게스트 하우스, 갤러리 등이 존재하여 창작되는 예술품이나 공연물들을 사람들이 감상할 수 있도록 되어 있다. 소비 공간으로는 서점, 레스토랑, 카페가 존재한다.

　그런데 문제는 공방이나 작업실에서 생산된 창작품이 전시되고 판매되며 공연되는 방식의 유기적인 체계가 이루어지고 있지 않다는 데에 있다. 세 요소가 따로 존재하니 사람들은 전시되는 물건이나 잠깐 보고 나서는 한적하기 짝이 없어 황량하기까지 한 헤이리의 공간에서 뚜렷한 체험을 하지 못하고 지나치기 마련이다.

2. 영상의 테마파크화

(1) 가상놀이 인간들의 공간 인식 방식

영상 시대에 사람들은 인간 사이의 소통보다 TV, 비디오, 컴퓨터 등 각종 영상 매체, 디지털 매체와 소통하는 시간이 많아졌다. 이런 현상이 심해지면서 사람보다 기계에 친밀감을 느끼고 가상의 세계에 자신을 가두는 경향의 신인류를, 에티엔 바랄은 일찍이 호모 비르투엔스라고 지칭했다. 그에 의하면, 호모 사피엔스는 현실의 세계와 대면하면서 경험을 쌓고 지식을 늘려가는 반면 호모 비르투엔스에게 현실은 골치 아프고 반복적이며 별로 소용에 닿지 않은 존재일 뿐이다. 그는 가상 세계의 주인공이 됨으로써 손쉽게 현대 영웅이 누리는 재미와 영광을 체험하고 싶어 한다. 이들은 자신이 좋아하는 스타와 관련되는 것은 모두 모으며 심지어 만화나 게임에 나오는 인물의 복장을 하고 축제를 열기도 한다.[46]

그러나 이런 경향은 디지털 매체의 등장으로 이루어졌다는 점에서 주목을 요한다. 필자는 매체의 변화를 강조하는 측면에서 이들을 가상놀이 인간(호모 비르투엔스 루덴스)이라고 명명한 바 있다. 즉 가상성이 지니는 놀이성을 현실에서까지 적용하는 사람들을 일컫는 말이다. 여기에는 물론 영상 중독자, 게임 중독자, 오타쿠 등이 들어간다.

오타쿠 등장의 이유로 첫째, 극심한 사회 경쟁을 들 수 있다. 입시 등 꽉 짜인 공부와 경쟁을 견디지 못하는 젊은이들이 멀티미디어의 세계로 도피하는 것이다. 둘째, 멀티미디어의 중독 때문이다. 가상 세계

---

46 에티엔 바랄(송지수 옮김), 『오타쿠―가상세계의 아이들』, 문학과지성사, 2002, pp. 21–22.

의 몰입이 심화될수록 현실 세계에 가상 세계의 논리를 구축하려는 경향이 나타난다. 예로서 오타쿠들은 코스프레, 펜진 행사 등 가상 세계에서의 사고방식과 행동으로 현실을 만들어간다. 사실 현대인 모두가 조금씩 오타쿠적인 속성을 지니고 있다. 영상매체, 특히 디지털 매체는 그 상호 작용성, 시청각성 때문에 대단한 몰입성을 지니고 있다. 때문에 이 몰입의 정신 상태는 현실 세계에까지 유지된다.

이는 일찍이 보드리야르에 의해 시뮬라크르(simulacre)란 개념으로 규정된 바 있다. 시뮬라크르란 실제로는 존재하지 않는 대상을 존재하는 것처럼 만들어놓은 인공물을 지칭한다. 시뮬라크르는 흉내, 모방과 혼동되기도 하는데 이것은 실수이다. 흉내를 내기 위해서는 반드시 흉내를 낼 원 대상이 있음을 의미한다. 그러나 이런 베끼기는 제 1, 혹은 제 2열에 속하는 시뮬라크르, 전통적인 재현 체계 속의 이미지이다. 시뮬라크르는 흉내 낼 대상이 없는 이미지이며 이 원본 없는 이미지나 그 자체로서 현실을 대체하고 현실은 이 이미지의 지배를 받게 된다.[47] 박물관이나 민속촌의 모형들을 보고 관람객들은 옛날 사람들이 살았던 곳이라고 생각하지만 실제로는 민속촌이라는 시뮬라크르가 관람객들에게 그때 그곳을 상기시킨다.

보드리야르는 이 개념을 놀라울 만큼 빨리, 정확하게 파악했고 실재로 디즈니랜드를 방문한 후 영감을 받았지만 그 의미를 직시하지는 못했다. 가짜가 현실을 지배하는 사회라면 그 사회가 현실인 것이다. 모든 사람이 믿는 거짓은 진실이다.[48] 이 시뮬라크르의 개념은 가상의 세계, 놀이의 세계와 일의 세계의 경계가 모호해지는 현대 사회의 단면을

---

47 장 보드리야르(하태환 옮김), 『시뮬라시옹』, 민음사, 1992, pp. 9-10.
48 최혜실, 『디지털 시대의 문화 읽기』, 소명출판, 2001, pp. 186-187.

단적으로 보여주는 것이다.

그들은 영상 속의 가짜 세계로 현실 세계를 해독하고 대체한다. 그들이 영상에서 겪었던 일, 느꼈던 감정이 현실의 사건과 사물들을 상기시킨다. 원본 없는 이미지가 현실을 대체하고 현실은 그 이미지의 지배를 받게 된다. 아니 받고 싶어 한다. 그들은 자연 풍광에서 드라마에서 촬영된 스토리텔링을 느끼고 물가의 벤치에서 드라마에 앉아 있었던 두 연인의 자취를 느끼고 싶어 한다. 현대인의 공간 인식은 그리하여 수많은 영상 테마파크를 만들게 하고 있다.

(2) 촬영장 : 〈겨울연가〉의 테마파크화

〈겨울연가〉가 일본 여인들에게 일으켰던 반응은 놀라웠다. 그녀들은 곱게 화장을 하고 TV 브라운관에 앉아 욘사마의 연기에 눈물을 흘리며 순수한 사랑에 젖어들고 있다. 일본 중년 여성들은 이런 느낌은 처음이라거나 한 연예인을 이토록 좋아해본 적이 없다고 고백하고 있다. 그녀들은 배용준의 목소리로 드라마를 보고 싶어 해서 한국어를 배우고 강준상과 이민형으로서의 배용준의 모습을 보기 위해 한국의 드라마 촬영장을 방문하고 그로 인해 한국을 좋아하게 되었다고 말한다. 배용준의 사진과 달력 등 캐릭터 상품을 신주 모시는 닫집처럼 꾸며놓고 매일 인사를 하며 생활의 활력을 얻는다는 주부도 있다.[49] 이들의 영상 중독증은 자연히 작품의 촬영장을 방문하게 만들고 남이섬 등 촬영장은 일종의 테마파크를 형성하며 관광객들의 발걸음을 모으고 있다.

---

49 김영순 · 박지선 외, 『겨울연가, 콘텐츠와 콘텍스트 사이』, 다홀미디어, 2005, pp. 348-349.

〈겨울연가〉 촬영지인
남이섬의 메타세쿼이아 길

관광객들의 발길이 끊이지 않는 곳으로 먼저 남이섬의 메타세쿼이아 길이 있다. 준상과 유진이 고등학교 시절부터 자주 찾던 곳이다. 가로수 길이 하늘을 덮어 아늑한 공터를 형성하고 있으며 주변에는 물이 흘러 안식처, 보금자리로서의 공간 이미지를 불러일으키는 것이다. 요나 콤플렉스로 분석한 바 있는 이 장소는 두 주인공이 자신의 상처를 치유할 때마다 등장한다. 어머니의 자궁, 피난처로서의 물질적 상상력을 지니는 남이섬 가로수 길이라는 장소의 혼(魂)은 드라마의 스토리텔링에 의해 더욱 강화된다. 이제 관광객은 드라마의 환영을 가슴에 품고 와서 영상 속의 주인공이 되어 그 길을 걸어본다. 연인들이면 더욱 좋다. 그리하여 드라마 속 사랑의 환영은 연인들의 현실적 사랑을 덮어버린다. 현실보다 더 현실적인, 시뮬라크르의 사랑이 남이섬 공간을 뒤덮는 것이다. 유진과 준상의 첫 키스 장소도 관광객들이 많이 찾는 장소이다. 조그만 한 쌍의 눈사람 모형이 있는 이 장소에서 사람들은 벤치에 앉아 있는 사진을 찍어가고는 한다.

준상의 교통사고 장면이 촬영된 춘천 명동 중앙로에는 겨울연가 촬영지임을 알리는 간판이 있고 배용준과 최지우의 손바닥 조형물이 있다. '준상이네 집'으로 관광객들의 집중적인 방문을 받았던 일본 적산가옥에는 대문 옆의 벽에 "겨울연가 촬영지"란 현수막이 걸려 있을 뿐 어떤 장치나 구조물도 존재하지 않는다. '불가능한 집'이 있는 외도의 아름다운 집도 관광객들의 방문지임에도 불구하고 별다른 표시가 없다.

사람들은 드라마의 감동이 생생할 때는 자연 그대로의 장소만 보아도 그곳에서 사진을 찍고 그 벤치에 앉는 것만으로도 환영을 되살릴 수 있다. 그러나 드라마의 환영이 사라지거나 현저히 약화된 현 시점에서 드라마의 환영만을 가지고 장소감을 느끼게 할 수는 없는 것이다. 따라서 이를 오래 지속시키기 위해 좀 더 확실하고 집중적인 방법으로 테마파크화하는 것도 방법일 것이다.

'겨울연가 테마파크'의 예시를 하나 소개할까 한다.[50] <겨울연가>의 영상 스토리텔링을 공간 속에 풀어내면서 관람객들의 감흥을 집중적으로 불러일으키는 것이다. 첫사랑의 추억, 추암해수욕장, 교통사고, 교회에서의 프러포즈, 준상과 유진의 재회, 메타세쿼이아 길, 스키장, 기억을 되찾아가는 과정이란 포인트가 되는 에피소드를 추출하여 테마파크 내의 동선에 적용한다. 다음은 동선 적용의 예이다.

---

50 김대열 · 이준영 · 유정상(경희대 국문과 학생), "드라마의 테마파크화 가능성 – 겨울연가", 2007. 2학기 〈문학과 대중문화〉 강의 발표 내용.

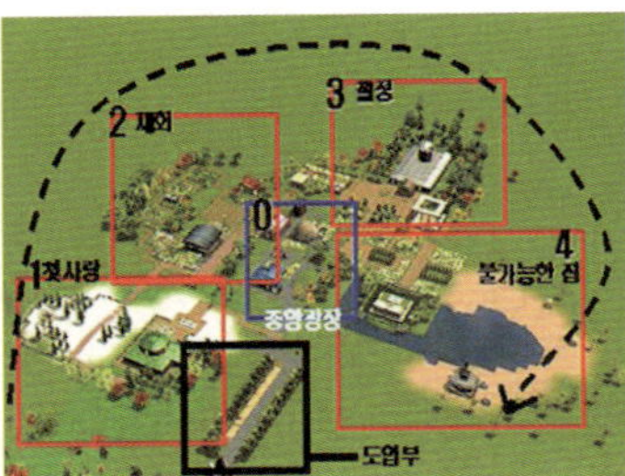

이동 경로

도입부 - 메타세쿼이아 가로수 길

1. 첫사랑의 장소

1에서 2로의 이동길 - 두 갈래

2. 재회의 장소

3. 절정 - 프러포즈의 교회

4. 혼란의 통로 ①

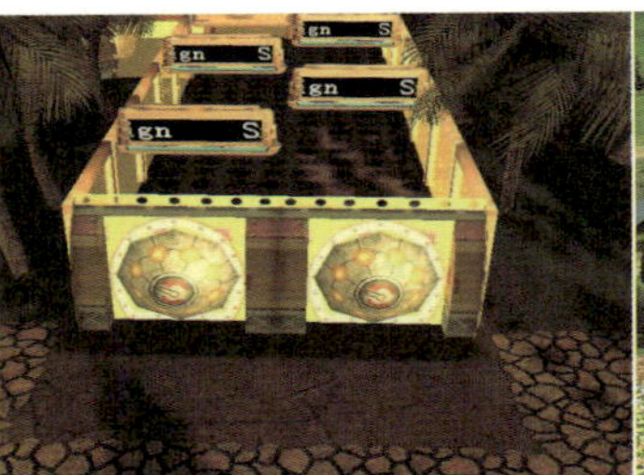

5. 혼란의 통로 ②

6. 불가능한 집 - 외도 재현

7. 호수가 맨발 걷기 - 발마사지와 에스테틱

8. 중앙광장 - 소풍

9. 준상의 교통사고 - 범퍼카

작품의 줄거리 전개에 따라 중앙광장을 중심으로 첫사랑, 재회, 절정, 불가능한 집의 네 구역을 설정하여 지역의 스토리텔링에 맞는 관람물을 구성하는 것이다. 예를 들어 1에서 2로의 이동로에는 욘사마로 변장하는 도구들-안경, 가발, 목도리 등을 빌려주는 대여소를 만들거나 사랑하는 연인에게 선물할 꽃 등을 파는 선물가게를 배치하는 것이다. 2의 재회의 장소에는 기억을 되찾는 혼란의 통로를 설치해 연인들이 즐길 수 있게 한다.

3의 절정 부분에는 프러포즈의 교회를 만들고, 4의 불가능한 집 구역에는 외도의 자연과 집을 재현한다. 중앙광장은 소풍 장소로 활용하게 하고 호수가 변에는 맨발로 걷는 장소를 두거나 발마사지 및 에스테틱 장소를 둔다.

(3) 세트장 : 〈대장금〉 테마파크 및 부천 판타스틱 스튜디오의 현황과 한계

시청률 60.8%란 기록으로 인기리에 종영되었던 〈대장금〉은 〈장금이의 꿈〉이란 애니메이션으로, 뮤지컬로, 만화로, 소설로 멀티 유스(multi-use)되었다. 그만큼 관객들을 감동시킬 보편성을 지닌 스토리텔링이란 의미일 것이다.

대장금 테마파크는 문화방송 양주 문화동산 내 2000평의 대지

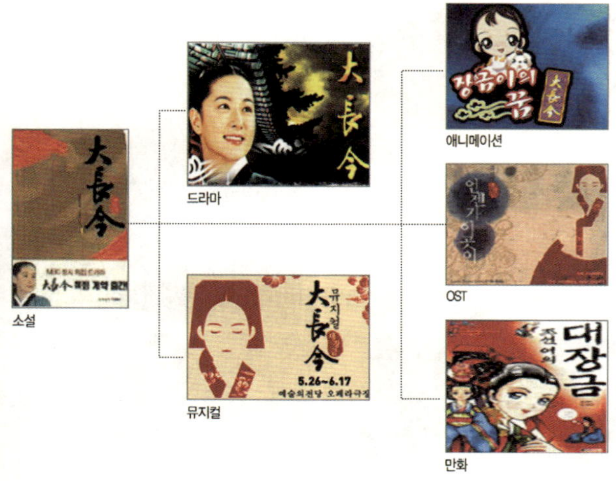

OSMU로서의 대장금의 가능성

위에 건립되었다. 대전, 대비전, 수라간과 소주방, 퇴선간, 옥사, 객사, 사옹원, 금계, 술도가 등 23개의 시설로 구성되어 있다. 주로 촬영 세트장과 소도구 등의 관람을 콘셉트로 하기 때문에 200여 종 이상의 소도구들과 17식의 궁중의상이 전시되어 있고 임금님의 수라상 모형이 재현되어 있다. 각 시설에는 드라마 장면들이 설명문과 함께 소개되어 있고 수라간 등 5개소에는 여섯 대의 DVD와 주요 장면들이 편집, 방영되고 있다. 다음은 테마파크의 전체 지도이다.

대장금 테마파크 입구

대전과 궁궐의 문

구체적인 동선을 따라 테마파크를 분석해보면, 첫 번째, 대전으로서 먼저 대전의 정문으로 들어가게 된다. 이곳에는 궁궐로 들어오고 나가는 장면을 촬영한 곳으로 이곳에서 촬영한 주요 장면들을 소개한 설명판이 설치되어 있다. 대전은 수라간의 회의실로 사용되어 조회와 회의, 교육 장면, 나인 선발 어선 경연, 최고 상궁의 어선 경연, 대전 장면의 대부분을 촬영한 곳으로 궁중의상들이 전시되어 있다. 또한 주제가 '오나라'를 비롯한 대장금 OST를 들을 수 있어 작품의 분위기로 몰입할 수 있다.

다음은 동선의 혼란이 야기되는 문제점이 있다. 옥사로 가야 할지, 수라간으로 가야 할지 애매한 것이다. 일단 수라간으로 걸음을 옮겨보면, 이곳은 장금의 부엌, 최 상궁

수라간(左)과 옥사(右)

의 부엌 등이 있어 음식 모형, 식기와 전통 음식 관련 영상, 그래픽 패널 등이 전시되어 있다. 이곳에서 각종 음식을 만드는 장면들과 최 상궁과 장금 엄마 박명희의 나인 시절을 촬영했다.

그 다음 이동 장소는 옥사이다. 의금부 감옥을 재현한 것으로 유황 오리 사건으로 감옥에 갇힌 한 상궁과 장금, 말똥 버섯 사건으로 갇힌 최 상궁과 금영의 신을 찍은 장소이다. 옥사 내에서는 칼을 차고 감옥 체험을 하거나 주리 틀기, 곤장 맞기 등을 체험해 볼 수 있다.

네 번째 장소는 정자이다. 궁궐의 후원으로 서정적인 장면들이 많이 촬영되었던 곳이다. 어린 장금이 솔가지에 잣 끼우는 장면, 장금이 어머니의 비첩을 정자 아래에 묻는 장면, 감식초를 열어보는 장면, 특별 상궁이 된 연생이에게 민 상궁이 달빛을 받으며 정기를 모으는 방법을 가르쳐 주는 장면 등을 찍었다. 잣 그릇과 솔가지, 비첩 등이 전시되어 있고 솔가지에 잣을 끼우는 체험이나 소원쓰기를 할 수 있다.

다섯 번째 장소인 사옹원은 임금의 음식과 궁궐 안의 음식 공급을 관장하던 부서이다. 이곳에서는 숙수들이 연회 음식을 준비하던 장면,

장금과 어머니의 자취가 어린 정자

궁중에 납품하는 물건을 들여오는 장면, 나인선발 어선 경연 중 만두를 만드는 장면이 촬영되었다. 여러 체험 이벤트가 구비되어 있는 것이 특징이다. 예를 들어, 궁중 의상을 직접 입어보거나 대장금 출연자 브로마이드와 함께 사진을 찍을 수도 있다. 주요 하이라이트 장면, NG 장면을 감상할 수 있다. 또 술항아리를 실은 수레와 소도구도 전시되어 있어 작품의 여러 장면들을 체험할 수 있게 하였다.

저잣거리는 대령숙수 강덕구의 술도가로 사용되어 술 만드는 모습, 장금의 어린 시절 모습 등을 촬영했다. 술항아리를 비롯한 소도구들을 전시하여 술도가를 연출하였으며 강덕구와 그의 처 나주댁, 의관 조치복의 코믹한 장면을 영상으로 볼 수 있다. 평민 의복들이 전시되어 있으며 막걸리 시음도 가능하다.

전반적인 상황을 살펴보았을 때, 대장금 테마파크도 다른 영상 테마파크, 혹은 촬영 세트장의 테마파크와 마찬가지의 문제를 안고 있음을 발견할 수 있다. 원래 촬영 장소로 사용되었던 만큼 촬영의 편의만을 위해 공간이 구성되어 있고 소도구들이 비치되어 있기 때문에 몰입과 체험을 통한 스토리텔링의 재생성이라는 영상 테마파크의 본연의 기능을 하기에는 역부족이라는 느낌이 드는 것이다.

이는 부천 판타스틱 스튜디오에서도 마찬가지로

사옹원에 비치된 소도구들

나타난다. 부천 원미구 상동 영상문화단지에 위치한 부천 판타스틱 스튜디오는 2001년 11월부터 짓기 시작하여 옛 건물만 200여 채에 이르는 영화 및 드라마 촬영지이다. 이곳은 1930년에서 1970년까지의 화신백화점, 종로 경찰서, YWCA, 보신각, 우미관, 동대문 같은 당시의 건물들과 종로 거리, 충무로, 청계천의 모습을 되살린 종합 예술 스튜디오이다.

촬영한 작품을 들자면, <야인시대>, <황금사과>, <서울 1945>, <로즈마리>, <찔레꽃>, <고향역>, <사막의 샘>, <영웅시대>, <환생-NEXT>, <김약국의 딸들>, <자매바다>, <사랑과 야망>, <패션 70's>, <하류인생>, <태극기 휘날리며>, <역도산>, <청연> 등 셀 수 없이 많다.

그러나 이런 건물 또한 촬영용으로만 존재하기 때문에 관람객들이 바깥의 건물들을 보고 막연히 당대 거리를 예측하면서 지날 수 있을 뿐 어떤 체험을 할 수 있는 구체적인 장치가 없다. 예를 들어 영화관 세트를 실제 영화관으로 개조하여 이 거리를 촬영한 영화들을 상영한다거나 실제 움직이고 있는 전차를 활용하여 거리 관광 및 이벤트 관람을 하게 하는 등 얼마든지 즐길거리를 만들 수 있을 것이다.

저잣거리와 촬영에 쓰던 소품들

부천 판타스틱 스튜디오에 지어진 옛 건물들. 위 좌측부터 화신백화점, 종로경찰서, YMCA 건물, 우미관, 종로회관거리, 청계천 옛 건물(사진 제공 : 부천 판타스틱 스튜디오, http://www.fantasticstudio.or.kr/)

테마파크 스토리텔링 설계의 실제

1. 테마파크와 소설[51]

테마파크에 대한 정의는 다양하다. 몇 가지 예를 들어보면 다음과 같다.

일반적으로 다양한 놀이 시설과 매력물을 제공하여 오락과 즐거운 경험을 체험하게 하는 곳이며 모든 매력물이 계획된 특정 테마를 주제로 계획, 운영된다.(John McEniff)

다른 곳과 다른 때의 분위기를 창조하고 통상 건축물, 전망, 특정 시대의 전통 복장을 한 종사원들, 탑승물, 쇼, 식음료 서비스, 그리고 기념품 등이 통합되어 하나의 특정 주제를 강조하는 매력물(Ady Milman)

---

51 김종회·최혜실 편, 『황순원 '소나기마을'의 OSMU & 스토리텔링』, 랜덤하우스코리아, 2006 중 일부 발췌, pp. 211-239.

티켓이나 음료를 판매하는 사업이 아니라 즐거움과 흥미를 유발하며 경험을 판매하는 사업(H. Vogel)

스릴, 환상, 그리고 깔끔함과 친밀한 분위기라는 주제를 기초로 한 하루 종일의 건전한 가족여흥을 제공하는 곳(George Torkildson)

특별하게 창출된 환경과 분위기 속에서 운영되는 가족 위주의 즐기는 공원으로서 그 속에는 독특한 역사적 배경이 있는 것, 복원된 마을, 유서 깊은 철길, 전문박물관, 심지어는 전문 쇼핑센터도 해당되며 가장 인기 있는 것은 주제가 있는 탑승공원이다.(ULI)

기존 놀이, 위락시설에 보다 나은 흥미를 위하여 일정한 주제를 가미한 것으로 현대인의 여가와 관광 욕구를 가장 충실하게 만족시키고 있는 곳. 어느 특정한 주제를 설정하고 분위기를 연출하여 전체를 일관성 있게 구성, 운영하는 레저 파크의 한 형식으로 시간을 초월한 거대한 폐쇄공원(정재선)[52]

이런 다양한 정의들을 요약하면, 테마파크란 통상적으로 '주제라는 관념적 울타리를 갖는 공원'으로 규정할 수 있다. 즐거움과 적절한 경험을 판매하는 사업, 다른 공간과 분위기를 창출해내고 건물과 경치, 탑승물, 식음료, 그리고 상품들이 선정된 주제에 맞게 조화됨을 통하여 하나의 지배적인 분위기에 집중시키는 장소, 주제라는 관념적 틀을 가진 공원으로서 이를 적절히 표현하는 소재로 구성하여 방문객들에게 일상을 탈피한 경험을 제공하는 공원 등으로 정의된다.

이는 작가가 하나의 주제를 지니고 작품에 일관성을 부여하면서 작품의 허구적 세계를 창조하는 서사의 방식과 부합하는 것이다. 테마파

---

52 조현숙, "테마파크의 발전 과정과 국내 테마파크의 개발 방향", 『관광정보연구』 1, pp. 206-208.

크는 놀이 공간이다. 놀이는 자유스러움을 지니며 탈일상의 성격, 무관심성의 요소를 지니는데[53] 이것은 제한된 공간에서 다른 분위기를 창출해내는 테마파크와 일치한다. 그런데 놀이는 '내가 참여하여 만드는 이야기'이다.[54] 어린이가 놀이를 할 때 각자 엄마, 아빠 역할을 맡고 시나리오를 만들어 이야기를 진행해 간다. 테마파크에 기본적으로 이야기의 속성이 있는 것은 이 때문이다.

테마파크에서 관람객들은 건물과 다양한 이벤트의 배치를 공간 체험하면서 나름대로 이야기를 만들어 가는데 그 방식은 물론 소설을 읽는 것과는 다르다. 책의 앞 장에서 설명한 것처럼 매순간 획득된 시각적 경험을 시간의 축에 따라 배열하고 이들의 관계를 종합적으로 파악하는 작업을 통하여 도달한, 시간적 연쇄에 의해 종합된 구조가 지니는 총체적인 의미의 인식[55]을 나타내는 것이다.

그러나 공통점 또한 만만치 않게 존재한다. 소설과 테마파크의 공통점과 차이점을 도표화하면 다음과 같다.

소설과 테마파크의 공통점과 차이점

소 설	테마파크
낯설게 하기	일탈
인과성	공간에서의 연쇄성(sequence)
선형연쇄성(sequence)	공간 구성법
일방성	상호작용성
작가의 제시	체험에 의한 이미지들의 감성적 잔상감의 연속

---

53 로제 카이와(이상률 옮김), 『놀이와 인간』, 문예출판사, 1999, p. 26.
54 최혜실, 『디지털 시대의 영상문화』, 소명출판, 2003, pp. 120~121.
55 양상현, "조선시대 사찰 배치의 서사구조", 서울대 건축학과 박사학위 논문, 1999, pp. 3-5.

2. 〈소나기마을〉의 스토리텔링

(1) 〈소나기〉의 테마파크화의 산업적 가치

최근 지방자치단체 차원에서 지역 이미지(city identity)를 높이기 위해 다양한 노력을 전개하고 있고 특히 지역의 문화적 이미지와 산업적 이미지를 통합하기 위해 노력하고 있다. 지역 축제나 지역 박물관의 건설, 지역 자원의 상품화 전략 등이 여기에 해당한다.[56] 그런데 테마파크는 일정한 공간을 매개로 하는 지역산업이기 때문에 해당 지역에 다양한 사회 경제적 효과를 가져 온다. 지역의 이미지를 높여줄 뿐 아니라 지역주민의 애향심을 높여준다. 또 지역주민의 고용 창출, 조세 수입의 증대를 통한 지방재정에 기여, 관광객 유입에 따른 관광산업의 발전, 사회간접자본(도로, 상하수도, 통신, 생활 정보 분야 등)의 정비에 의한 생산 기반 시설의 정비 효과를 볼 수 있다.[57] 일본의 니코 에도 빌리지가 온천과 지역의 문화유산을 연계해서 효과를 본 경우이고, 캐네디언 월드 또한 명작 소설 <빨강머리 앤>을 재현하여 탄광도시에서 관광도시로 변모한 예이다.[58]

미국의 사례에서 보면 미국의 영상 산업은 곧바로 테마파크에 직결되어 그 성공에 크게 기여하고 있다. <미녀와 야수>, <라이온 킹> 등과 같은 영화의 스토리텔링을 테마파크에 적용하여 디즈니랜드에 온 사람이 친숙감을 느끼고 곧바로 몰입할 수 있다.[59] 테마파크의 캐릭터

---

56 임상오, "지역 발전과 테마파크 산업의 진흥", 『재정정책논집』 창간호, 한국재정정책학회, 1999. 2,
   pp. 149–150.
57 위의 글, p. 156.
58 김문기, "테마파크 이용자 행태 분석", 한양대학교 도시대학원, 1999, p. 19.
59 이정식, "놀이본능의 관점에서 본 가상현실을 응용한 VR 테마파크", 서강대 언론대학원, 2000. 7,

는 아이덴티티의 기능을 통해 소비자가 테마파크를 식별할 수 있게 하며 테마파크 측이 전달하려는 이미지를 상징하는 역할을 한다. 캐릭터에 대한 선호도가 높을수록 테마파크에 대한 선호도가 높게 나타난다.

외국에서는 아예 영화 촬영장을 대단위 규모로 만들어 작업의 효율성을 꾀하는 한편 아예 테마파크 개념의 관광지를 만들고 있다.[60] 이런 이유로 한국에서도 여러 곳에서 소설이나 영화, 민속적 주제를 테마로 하는 방안을 검토하고 있다.

양평군은 아름다운 자연 환경을 지니고 있으며 서울의 근교로 관광 개발의 잠재력이 큰 곳이다. 그러나 러브호텔 등의 불명예스러운 이미지로 인해 카페촌 등이 긍정적인 관광객 유입의 기능을 제대로 해내고 있지 못하다. 때문에 황순원의 <소나기>처럼 '사랑'의 테마를 지닌 테마파크가 지역의 이미지를 향상시키면서 관광객 유입을 이끌어내는 효과가 있다고 본다.

테마파크의 이용객의 성향을 비교해 보면 <소나기>의 가치는 분명해진다. 에버랜드, 롯데월드, 서울랜드는 동성들이 놀러오는 비율보다 연인이나 결혼한 부부의 방문이 압도적이다. 연령은 대개 20세 전후에 집중되어 있다. 특히 미혼의 방문자들이 많은 것으로 나타난다. 종합해 보면 한국 3대 테마파크의 주요 이용자는 25세 미만의 미혼인 사람들로 경기, 서울에 거주하고 있는 사람들이다.[61] '사랑'의 테마가 이용객들에게 강한 몰입감을 줄 것은 당연한 귀결이다.

---

pp. 42–49.

60 문장원, "남양주시 영상문화산업단지 환경설계", 한양대학교 도시대학원 도시건축설계학과, 1999, pp. 14–17.
정광현, "국내 도심형 테마파크에 관한 연구", 경희대학교 관광경영학과, 석사논문, 2001, pp. 12–16.
61 김문기, 앞의 글, pp. 47–50.

(2) 〈소나기〉의 작품구조를 응용한 〈소나기마을〉 설계 방안

❶ 설화성과 향수(nostalgia)의 도입

테마파크의 이야기 체험은 상호작용성(interaction)이 있다는 점에서 디지털 스토리텔링과 흡사하다. 역할극에 참여할 때 우리는 우리의 모든 감각을 동원하여 상대방의 목소리를 듣고 몸짓, 동작, 표정을 보며 신체적 접촉을 하기도 한다. 사이버 공간에서도 전 감각이 동원되는 것은 아니지만 키보드를 두드리거나 마우스를 클릭하는 행동으로 장면 장면에 능동적으로 대처한다.[62]

게임은 영화의 장면과 흡사하면서도 다르다. 영화는 관객이 아무리 몰입해도 화면이란 정해진 프레임이 있고 그 프레임 안에서 이야기가 진행된다. 반면 게임은 그 프레임을 게이머가 만들어 간다. 프로그램이 있기는 하지만 게이머의 취향, 실력, 관심, 컨디션에 따라 이야기가 다르게 진행된다. 말하자면 미리 프로그램된 게임은 게이머에 의해 재창조된다.[63] 때문에 이야기가 너무 복잡하거나 게이머의 분신이 될 인물의 개성이 지나치게 독특하면 게이머는 게임에 쉽게 몰입할 수 없다. 성공한 게임을 영화화할 때 실패하는 경우가 많은 이유도 이 때문이다. 게임에서 매혹적이었던 인물이 영화에서는 너무 단순하고 매력 없게 비쳐지는 것이다. 테마파크의 플롯 또한 관람객이 금방 그 줄거리를 파악하고 공간배치에 상호작용하면서 몰입할 수 있게 하기 위해서는 단순하고 명료하면서 잘 알려진 보편성을 지닐 필요가 있다.

황순원의 작품들은 우리에게 낯익은 옛날이야기를 기반으로 한다는

---

62 최혜실, 『디지털 시대의 문화 읽기』, 소명출판, 2001, p. 104.
63 최혜실, "게임의 서사구조", 『현대소설연구』 16호, 2002. 6, p. 378.

점에서 이 요건을 충족시킨다. 황순원은 뛰어난 겨레의 기억의 전수자로 평가받는다.[64] 옛이야기를 간결하게 묘사하면서 소설의 주제로 삼는 기법은 민족 공동체의 기억으로서 설화성의 특성을 잘 살린 것이다. 그리고 이 설화성은 현재의 상황과 병행하면서 현실을 되비춘다.

<산골아이>[65]에서 할머니는 소년에게 여우고개 전설을 들려준다. 한글 잘하는 총각이 여우 고개를 넘던 중 꽃 같은 처녀가 자기 입에 물었던 구슬을 총각 입에 물려주며 놀았다. 총각은 나날이 여위어 가고 그 사실을 안 훈장이 그 구슬을 삼키라고 충고한다. 시키는 대로 했더니 꽃 같던 처녀가 사라지고 커다란 여우가 한 마리 죽어 있더라는 것이다. 이밖에 자기 아이를 물고 간 호랑이와 싸워 아이를 구한 반수 할아버지의 이야기도 있다. 이 옛날이야기는 현실의 어려움과 대비된다. 허리 병이 있고 술을 좋아하는 아버지는 험한 고갯길을 넘어 장으로 가셨다. 아버지는 현실 세계에서 흥정에 속아 돈을 잃을 수도 있고 허리의 병 때문에 고갯길을 구를 수도 있다. 험한 현실의 세계를 소년은 설화에서 들은 여우와 호랑이 이야기로 윤색해서 재체험한다.

이 옛 이야기의 정서는 마찬가지로 <별>,[66] <닭제>,[67] <소나기>[68] 등과 같은 작품에서 유년기 소년, 소녀들을 주인공으로 해서 펼쳐진다. 아이와 노인이 주인공으로 등장하는 플롯 자체가 민족 전래의 설화적 모티프와 현대 소설의 정제된 기법의 결합과 상동관계에 있다고 볼 수 있다.[69] 옛이야기가 지니는 보편성이 유년기의 향수(nostalgia)와 맞닿음

---

64 유종호, "겨레의 기억", 김종회 편, 『황순원』, 새미, 1998, p. 123.
65 황순원, "늪 / 기러기", 『황순원전집1』, 문학과지성사, 1992, pp. 175–181.
66 위의 책, pp. 163–173.
67 위의 책, pp. 105–110.
68 황순원, "학 / 잃어버린 사람들", 『황순원전집3』, 문학과지성사, 1992, pp. 11–21.

으로써 테마파크의 기본 요소인 보편성과 향수의 요소를 동시에 지니게 되는 것이다.

설화성이 지니는 보편성은 <소나기>에서도 잘 드러난다. <소나기>는 소년, 소녀의 애정과 이별을 주제로 하고 있는데 이 주제는 이야기 장르에서 가장 보편적이며 사람들을 감동시킬 수 있는 요소를 지니고 있다.

실제로 양평에는 도당 할아버지, 할머니 전설이 전해 내려오고 있다. 양서면 양수리 두물머리에는 도당 할아버지와 할머니로 불리는 나무가 나란히 서 있었으나 1972년 팔당댐이 완공된 후 도당 할머니 나무가 수몰되어 남아 있지 않다고 한다. 이 나무에는 그런 전설이 있는지 알 길 없으나 나란히 서 있는 두 그루의 나무에는 으레 남녀의 사랑의 슬픈 전설이 전해내려 오는 법이다. 이처럼 <소나기>는 누구나 공감할 수 있는 보편적인 사랑과 이별의 플롯을 지니고 있어 테마파크를 만들 경우 관람객들이 쉽게 감정이입할 수 있다.

❷ 소설의 문체를 테마파크의 일탈 구조에 응용

황순원 소설의 문체는 서정적이고 간결한 것으로 유명하다. 예를 들어 내면화된 서술 방식이나 단편적인 이야기들의 적극적인 활용, 필요한 묘사 이외의 일체의 군더더기를 배제하려는 듯한 절제된 단문체의 문장들, 간접화법, 내적 독백 등은 모두 일상화된 삶의 디테일들을 걸러내면서, 작중 현실을 현실의 직접성으로부터 떼어놓는 기법들의 장치라 할 수 있다.

---

69 김종회, "문학의 순수성과 완결성, 또는 문학적 삶의 큰 모범", 『문학과 예술혼』, 문학의 숲, 2007.

이것은 첫째, 테마파크에서 현실과 허구의 세계를 떼어놓는 단절 장치로 활용할 수 있다. 테마파크는 그곳에 들어서면 현실 세계와 격리되면서 허구의 세계로 유입하는 여러 요소들이 있어야 관객이 쉽게 몰입할 수 있다. 그의 작품의 인공성, 조형성은 바로 이 장치들을 지니고 있는 것이다. 둘째, 테마파크를 체험하는 관람객들의 심리가 투영된 공간이 미리 제시되어 있다. 그의 초기 단편은 3인칭 관찰자 시점을 유지하고 있으면서도 실제적으로는 1인칭 서술자의 효과를 지니고 있다. 작품에서 작중 현실은 작중 인물의 심리를 투영하는 은유의 공간으로 나타난다. 체험하는 관객의 반응이 미리 제시되어 있다고 보는 것이 옳다.

공간과 작중 화자의 상호작용은 서술적 문장과 묘사적 문장의 교차로 선명하게 드러난다. 다음 예문을 살펴보자.

> a. 소란하던 수숫잎 소리가 뚝 그쳤다. 밖이 발개졌다.
> b. 수숫단 속을 벗어나왔다.
> c. 멀지 않은 앞쪽에 햇빛이 눈부시게 내리붓고 있었다.
> d. 도랑이 있는 곳까지 와보니
> e. 엄청나게 물이 불어 있었다. 빛마저 제법 붉은 흙탕물이었다.
> f. 뛰어 건널 수 없었다.[70]

> a. 인물에 비친 장면 묘사 → b. 인물의 행동 서술 → c. 인물에 비친 장면 묘사 →
> d. 인물의 행동 서술 → e. 인물에 비친 장면 묘사 → f. 인물의 행동 서술

이런 교차 서술은 테마파크의 공간 → 관람객의 행동과 일치한다. 그러나 황순원 작품에서 가장 테마파크적이라 할 수 있는 요소는 서사적

---

70 황순원, "학 / 잃어버린 사람들", 『황순원전집3』, 문학과지성사, 1992, p. 17.

시간의 흐름을 장면기법과 생략기법으로 표현하는 부분이다. 다음 문장을 살펴보자.

> 대낮에 성긴 소나기가 극서네 놓여난 소보다 앞서 먼저 마을로 들어갔다. 비온 뒤라 골짜기 물이 풀포기 밑과 돌자갈 사이를 지나 웅덩이에 괴기도 하였다. 돌자갈에 돋은 이끼가 물속에서 무슨 물벌레처럼 움직이고 있었다. ─<허수아비>

첫 번째 문장과 두 번째 문장 상에는 비가 오기 시작하는 시간과 비가 그친 시간 사이의 흐름이 생략되어 있으며 비가 그친 후의 풍경이 압축적으로 묘사되어 있다. 서술이 시간적인 상황을 강조한다면 묘사는 공간적이다. 황순원의 작품에는 이처럼 시간의 흐름이나 행위의 연속성을 정태화하려는 경향이 짙다. '장면→ 생략→ 장면'의 방식은 테마파크의 공간 배치와 일치한다. 관람객들은 공간의 배치를 자신의 머릿속에서 연속적으로 재구성하여 하나의 이야기를 완성해 가는 것이다.

❸ 이니시에이션 스토리와 향수의 보편 구조 도입

황순원의 초기 소설들에는 유년기 소년, 소녀들의 이야기가 많은데 낙원의 세계를 그리기보다는 목가적이고 서정적인 빛으로 충만했던 세계가 살벌하고 공허한 현실 세계로 무너지는 과정에서 일어나는 삶의 경험을 상징적으로 묘사하고 있다.[71]

<소나기>는 표면적으로 보기에는 소년과 소녀간의 미묘한 감정의 파동을 담은 서정소설이나 이 작품의 이미지와 상징을 분석해 보면 역

---

71 이태동, "실존적 현실과 미학적 현현", 김종회 편, 『황순원』, 새미, 1998, p. 75.

시 전형적인 이니시에이션 스토리로 간주될 수 있다. 작품에 나타난 계절이 여름을 지난 가을이며 들판에는 흰 수염과 같은 갈꽃으로 가득차 있고 죽음을 상징하는 우상을 닮은 허수아비가 서 있다. 어느 토요일 소년과 소녀는 황금빛으로 물든 가을 들판을 달려 도랑물을 건너 산 밑까지 간다. 거기에서 갈꽃을 꺾으며 놀다가 산 속에서 소나기를 만난다. 공간적으로 볼 때 산 밑까지는 유년기를 상징하며 산에서 보랏빛 비를 만나는 것은 고난의 성년기를 상징한다. 이는 아름답고 목가적인 생의 뒷면에 숨어 있는 죽음을 온몸으로 체험한 것을 상징적으로 드러낸다.

이처럼 유년기와 성인 시대가 공간의 이동을 따라 나타나 있는데 이는 테마파크의 공간구조가 이미 소설 속에 드러나 있음을 의미하는 것이다.

유년기와 성인기의 공간 대비표

유년 시절	성 인
가을 햇살	먹장구름, 비
황금빛, 쪽빛	보랏빛
낙원	고난
들판, 하늘	산

그리고 이런 이니시에이션 스토리는 설화의 보편적 구조로 알려져 있다. <소나기>가 많은 사람에게 감동을 주는 이유 중 하나가 이런 보편적 설화 구조에 바탕을 두고 있기 때문이다. <소나기>는 관람객들이 쉽게 감정이입할 수 있는 구조를 지니고 있다고 하겠다.

(3) 실제 설계

❶ 입지 여건

2003년부터 시작된 경희대와 양평군의 <소나기마을> 건립 시도는 2004년 봄 경희대학교 소나기마을 추진위원회의 "황순원 문학촌-양평 소나기마을 조성사업"이란 기본설계용역 보고서에서부터 본격적으로 시작된다.[72] 소나기마을 조성 사유와 타당성, 소나기마을 조성 규모 및 적합지 검토, 소나기마을 운영 방안, 소나기마을 사이버 문학관 운영 등이 연구되었다. 그리고 이 논리에 입각하여 답사 끝에 양평군 서종면 수능1리 산74번지에 입지를 정하고 실사설계 용역에 들어갔다.

❷ 장소 선정 및 설계

소설의 줄거리에 맞게 개울과 구릉이 있는 곳이 선정되었다. 대상지는 주능선에서 동쪽으로 형성된 능선의 끝자락에 위치, 전체적으로 낮은 구릉을 형성하고 있다. 기본계획서에서 경희대 측이 주장한대로 소설의 서사구조를 공간에 배열하는 방식을 취했다. 물론 일방향적인 텍스트 서사와 달리 관람객의 체험이란 양방향성을 고려한 설계였다. 설계 과정에서 회사, 경희대, 양평군과의 무수한 회의가 있었다. 소설 속 설계요소 추출은 다음과 같다.

---

72 경희대학교 소나기마을 추진 위원회, "황순원 문학촌-양평 소나기마을 조성사업", 2004. 4. 19.

소설 속 설계요소 추출

구성 단계	발 단 ▶	전 개 ▶	위 기 ▶	절 정 ▶	결 말
단계별 요점	소년과 소녀의 만남	행복하고 즐거운 시간 친숙해짐	精의 심화 불행의 예고	헤어짐에 대한 불안 슬픈 운명에 대한 암시	영원한 헤어짐과 영원한 사랑·추억
도입 위치	주진입부·부진입부 문학관 전면 광장	소나기 테마산책로	테마산책로	광장 사면부	잔디광장, 야외무대, 문학관
도입 프로그램 및 연출	• 전원 풍경 느끼기 • 징검다리·섶다리 건너기 • 조약돌 줍기 • 수경관 감상하기	• 야외전시장 : 허수아비 및 문학 관련 작품 전시 • 수숫단, 원두막 체험 • 야생화 감상, 담소 • 송아지 타기	• 업고 도랑 건너기 • 얼룩 스웨터 • 젖은 발 말리기 • 소나기 맞기 • 원두막 수숫단	• 대추, 밤, 호두 따기 • 사진 촬영하기	• 낙서벽에 추억 새기기 • 공연·전시 관람하기 • 다목적 행사·이벤트
도입 시설	• 개울·징검다리·섶다리 • 미루나무 가로수 • 계류, 수경관, 조형물, 조약돌 포장	• 허수아비 • 원두막 • 수수밭과 수숫단 • 채마밭 • 야생초 화원 • 목초지	• 소나기 이벤트장 • 원두막·수숫단	• 호두나무, 밤나무, 대추나무 숲 • 포토 존	• 낙서벽(홈페이지에 등록하여 상시열람 가능) • 야외공연장 • 다목적 광장

이렇게 추출된 요소는 다시 아래와 같이 공간 속에 설계된다.

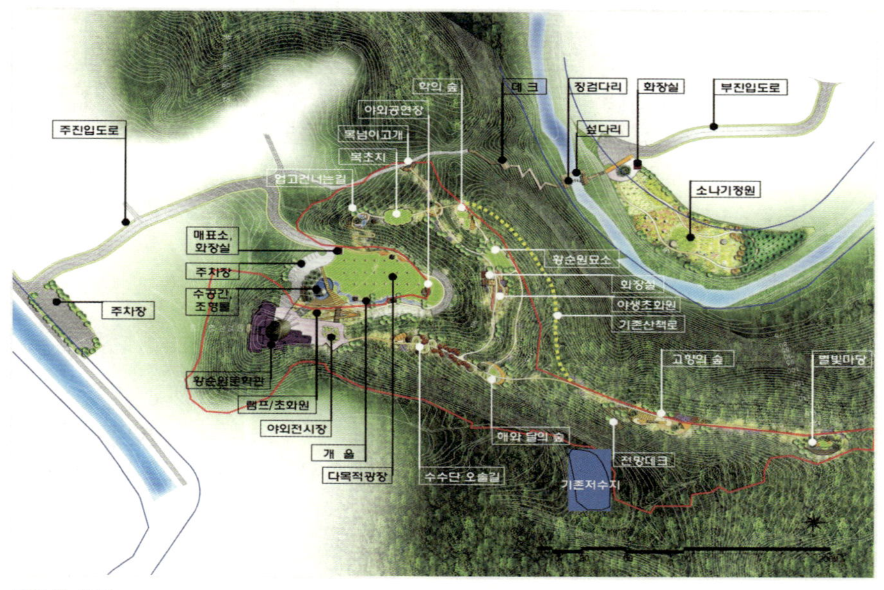

공간의 설계

여러 콘텐츠 중 GPS 문자 메시지 서비스와 문학관 내에 4D 기법을
활용하는 전시연출 기획은 여러모로 시사적이다. 유비쿼터스 시대의

의 메마름이 오히려 삶을 풍요롭게 만드는 도구로 사용될 수 있다는
점을 <소나기마을>은 보여줄 것이다.

다. 위 기 부

③ 엎고 건너는 길

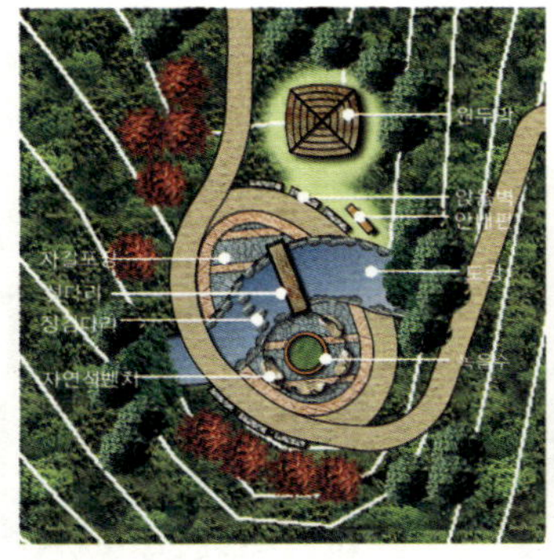

[스케치]

[도입시설 및 프로그램]
① 연인업고 도랑건너기(섶다리, 징검다리)
② 얼룩스웨터
  (봉숭아물, 티셔츠판매, 압화)
③ 젖은발 말리기 (지압보도, 자연석벤치)
④ 원두막, 녹음수 휴식
⑤ 소나기연출 (인공소나기, GPS를 이용한 문자 메시지 서비스)

라. 절 정 부

① 고백의 길

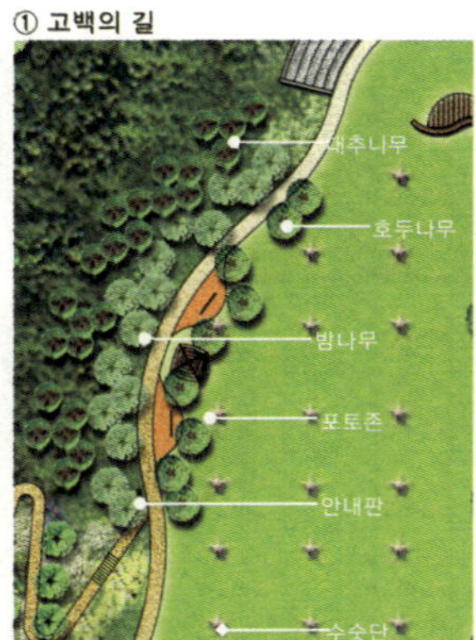

[스케치]

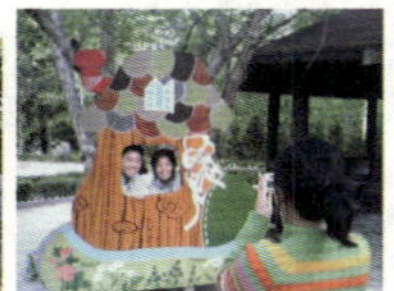

[도입시설 및 프로그램]
① 절정부
② 대추나무, 밤나무, 호두나무 따기
③ 포토존, 수수단, 안내판
④ 소나기연출(인공소나기, 문자메세지}

① 소나기무대

[스케치]

[도입시설 및 프로그램]

① 야외스탠드, 야외무대
② 야외문학공연, 음악회, 문학제
③ 낙서벽
④ 개울, 징검다리, 갈대(수변), 억새(사면부)
⑤ 축제 및 이벤트행사

각 소설 단계에 따른 공간의 도입시설 및 프로그램, 스케치[73]

공간 배치계획

구분	실명	면적
전시공간	로비전시	252.21(59 평)
	1 전시실	143.26(33 평)
	2 전시실	98.42(23 평)
	영상실	115.14(27 평)
	복도전시	30.89(7 평)
	특산품판매 및 휴게실	91.20(21 평)
총 면적		731.12(170 평)

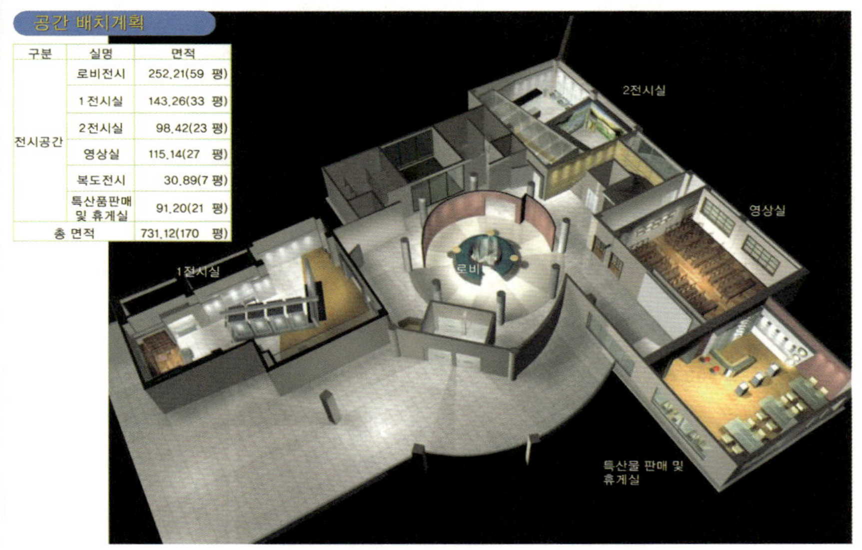

공간배치[74]

73 한국종합기술개발공사, 2005. 9. 14.
74 한국종합기술개발공사, 2005. 9. 14.

3. 〈만해마을〉의 스토리텔링 설계 방안

(1) 〈만해마을〉의 산업적 가치

❶ 지역 문화산업 클러스터의 현황과 전망

클러스터란 경제 주체 간 상호작용을 강조하는 논리로 공간적 집적과 연관 산업 및 연관기능 사이의 유기적 연계를 강조하는 이론이다. 클러스터를 형성하고 있는 기업들은 독립적으로 활동하고 있는 기업보다 성장 속도 혁신 등에서 유리한 집적의 경제 효과를 향유할 수 있다. 예를 들어 실리콘 밸리는 첨단 산업 집적지로서 놀라운 성장을 이루었다. 이후 1990년대 후반 클러스터론과 혁신체제론이 결합하여 지역 혁신체제론, 즉 중앙 및 지방 정부의 혁신시설 및 제도가 클러스터의 형성을 통해 기업의 학습 및 혁신 능력을 향상시키는 데 큰 역할을 한다는 것이 밝혀지고 있다.[75]

문화산업은 기업이나 정부의 독자적인 주도로 이루어지기보다는 다양한 경제주체들이 지역의 생산 과정이나 새로운 기술, 지식의 창출, 확산, 활용의 과정에서 상호작용하고 협동하는 데서 훨씬 효율적인 발전을 이룰 수 있다. 그러나 현재 문화산업단지로 지정된 7개 지역에는 그런 효율적인 연계가 부족한 실정이다. 이에 다양한 선진국의 사례—지자체 주도형, 대학·연구소 주도형, 대기업 주도형, 국가 주도형을 전범으로 한국적 클러스터를 개발해야 하는 시점에 이르렀다. 이제 지역 문화산업은 정부와 대학, 연구기관, 산업체의 긴밀한 연계에 의해

---

[75] 문화산업클러스터정책의회, "지역문화산업클러스터 현황 점검과 발전방안", 문화관광부, 2003. 7, pp. 67-68.

개발되어야 하며 테마파크도 마찬가지이다. 예를 들어 <만해마을>의 경우 대학에서 연구한 만해에 대한 다양한 콘텐츠들을 지자체의 주도 하에 산업체의 참여가 유도되어야 소기의 성과를 거둘 수 있는 것이다.

❷ 충남과 홍성 역사의 스토리텔링적 가치

충청남도에는 유달리 님에 대한 충절을 기리는 문화사적이 많다. 현충사, 독립기념관은 국가에 대한 충성, 해미읍성은 종교에 대한 충성을 기리는 곳이며 여기에 안면도 등 서해의 좋은 풍광과 수덕사 등 불교 사찰들이 즐비하다.

그런데 이런 상황은 홍성에서 더 두드러진다. 김좌진 장군의 생가, 한용운 선사 생가지가 있으며 대원군 척화비가 외세에 대한 한국인의 기개를 나타내고 있다. 또 홍주 의사총은 조선조 국가에 대한 충의 기개를 볼 수 있는 곳이다. 성삼문 선생 유허비가 있어 조선조 선비의 임금에 대한 충성도 나타난다. 이런 충(忠)의 테마는 만해 한용운의 '님'에 대한 테마를 더욱 두드러지게 하는 요소이다. 여기에 홍성 온천 같은 오락의 요소가 덧붙여진다.

그러나 홍성군은 관광개발에 몇 가지 문제점을 안고 있다. 홍성에는 수도권과 충남을 연결하는 교통의 결절부에 위치하고 주변 해안의 경관이 빼어나고 문화유산들이 있어 관광자원이 비교적 풍부하다고 할 수 있다. 그러나 거점 관광 시설이 부족하고 자원들이 상호 연계되어 있지 못해 관광객들의 수는 지속적으로 증가하고 있으나 관광 경유지로 활용되는 바람에 관광수입이 저조하다.

이를 극복하기 위해서 체재형 관광 시설이 필요하다. 산악·온천 해안의 자연 환경과 역사·문화 자원을 연계하면서 동시에 상품화할 필요가 있다. 역사·문화 자원과 자연 환경에 오락의 요소(e-factor)를 결합한 테마파크가 바로 이 조건에 부합한다고 볼 수 있다.

(2) 조선시대 사찰의 스토리텔링과 만해 문학의 상관성

❶ 조선시대 사찰의 기본 배치

삼국 시대에 이어 통일 신라 시대까지 유지되던 탑, 금당 중심형의 사찰 배치 방식은 조선시대에 이르러 다양화한다. 이런 변화는 민간적 기반 확보가 절실하였던 조선 불교계의 입장에 따라 채택된 대중화의 일환이었다. 교리를 친숙하게 전달하기 위해 사찰을 이야기의 흐름에 따라 배치하는 방식이었다. 이런 기본형은 다음과 같은 형식으로 구성된다.[76]

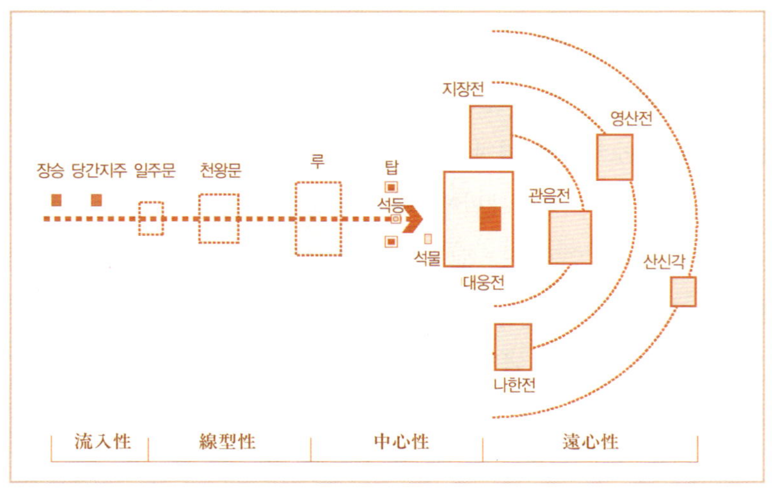

사찰의 기본형

---

76 양상현, "조선시대 사찰 배치의 서사구조", 서울대 건축학과 박사논문, 1999. 4, pp. 1-43.

이를 도표화해보면 다음과 같은 서사 구조를 지닌다고 할 수 있다.

사찰의 서사구조

단계	배치구성요소	수미산상징	사성제의 해석	사성제
사찰 진입부	장승, 당간, 물과 다리, 하마비, 부도전	섬주부, 향수해, 일곱산맥	• 괴로움의 진리 • 중생의 현실은 괴롭다. • 죄, 핍박, 변해 달라짐. 이해하라 / parinneeyyan	고(苦)
산문의 중첩	일주문, 금강문, 천왕문, 불이문, 해탈문	수미산 등산 : 사천왕전, 도리천	• 괴로움의 원인의 진리 • 그 고통에는 원인이 있다. • 애착, 망녕, 가서 들어감.	집(集)
불전마당과 불전	마당, 탑, 석등, 불전	불국토	• 괴로움이 사라진 진리 • 괴로움이 사라지면 열반의 세계가 있다. • 티끌의 여읨, 고요함, 진실함. 작증(作證)하라 / sacchikatabnan	멸(滅)
보살전	명부전, 관음전 나한전, 팔상전		• 괴로움을 없애는 길의 진리 • 열반의 세계로 나아갈 수 있는 길이 있다. • 인도, 성인의 뜻을 따름, 신성의 행 수습(修習)하라 / bhavetabban	도(道)

그런데 이 '고—집—멸—도'의 서사구조는 심우도의 서사구조와도 일치한다. 심우도(尋牛圖)는 주로 사찰 법당의 외벽에 벽화로 그려지며 인간의 본성을 회복하는 과정을 소를 찾는 것에 의탁하여 그린 선화(禪畵)의 일종이다. 보통 10단계로 이루어지므로 십우도(十牛圖)라고도 한다.

심우도의 각 단계별 상징 의미를 살펴보면 다음과 같다.

① 심우(尋牛) : 소를 찾아 나섬. 수행자가 인간의 본성을 찾겠다는 열
  의로 공부하는 단계.
② 견적(見跡) : 본성의 자취를 어렴풋이 느낌.
③ 견우(見牛) : 본성을 보는 것이 눈앞에 다다랐음.
④ 득우(得牛) : 성낸 소를 잡은 견성의 단계.
⑤ 목우(牧牛) : 소를 길들이는 단계.
⑥ 기우귀가(騎牛歸家) : 소와 동자가 일체가 되어 피안의 세계로 나아감.

1. 소를 찾아나서다(尋牛).

2. 소의 발자취를 발견하다(見跡).

3. 소를 찾다(見牛).

6. 소를 타고 집에 돌아오다(騎牛歸家).

7. 소에 대한 모든 것을 잊은 채 있다(亡牛存人).

8. 소와 사람 모두 공(空)이라는 깨달음을 원상으로
   나타내다(人牛俱忘).

⑦ 망우존인(亡牛存人) : 귀가하니 애써 찾은 소는 간 곳 없음. 소의 본
성을 찾기 위한 방편.

⑧ 인우구망(人牛俱忘) : 소도 자신도 잊어버린 상태, 주객이 분리되기
이전의 경지, 완전한 깨달음.

⑨ 반본환원(返本還源) : 자연의 경지.

⑩ 입전수수(立廛垂手) : 중생 제도의 경지.[77]

77 허균, 『사찰장식 그 빛나는 상징의 세계』, 돌베개, 2002, pp. 103–109.

4. 소를 얻다(得牛).

5. 소를 길들이다(牧牛).

9. 있는 그대로의 세계에 대한 깨달음을 수풍경으로 나타
내다(返本還源).

10. 중생 제도를 위하여 석장을 짚고 저잣거리로 나서다(立廛
垂手).

사찰 진입부는 심우의 단계이고 산문의 중첩은 견적, 견우, 득우, 목우의 단계이며 불전마당과 불전은 기우귀가, 망우존인, 인우구망, 반본환원의 단계이며 보살전은 입전수수의 단계에 해당된다. 불교 신자들은 사찰의 진입 공간에서 괴로움을 떨쳐버릴 마음의 준비를 하고 중첩된 산문을 지나면서 괴로움을 하나하나 떨쳐버리다가 불전마당의 평평한 경지에 이르러 불전에 절을 하면서 열반의 세계를 느낀다. 예배가 끝난 후 불전을 나서 보살전에서 경배하면서 중생 제도를 다짐하는 과정으로 사찰 방문은 끝난다.

(3) 만해 문학과 심우도, 사찰 구조의 일치

❶ 님 찾기와 소 찾기, 그리고 나 찾기

만해의 소설인 <薄命>[78]은 작품 구성만을 놓고 볼 때 맥이 빠질 정도로 극적인 갈등 구조가 없다. 시골에서 자란 순진한 소녀 순영은 색주가에 팔려나가 동무들의 시기와 질투를 받고 누명을 쓰는 등 온갖 인생의 고통에 시달리다가 물에 빠진 자신을 구해준 은인인 대철과 결혼을 한다. 그러나 대철은 금광, 아편, 주색에 빠져 순영을 괴롭힌다. 순영은 대철을 섬기나 하나밖에 없는 아들마저 병에 걸려 죽는 시련을 겪는다. 그러나 순영은 처음의 마음을 끝까지 지키며 대철을 참회시키고 자신은 불가에 귀의한다는 내용이다.

<님의 침묵>에서 보듯이 세상 사람들의 심금을 울리는 절절한 사랑의 감정을 노래한 시인이 어떻게 이렇게 맥 빠진 애정 소설을 쓸 수

---

[78] 박명, 『한용운』, 거북선, 1994, pp. 1-457.

있는지 이상할 정도다. 순영이 대철이 자신의 생명의 은인임을 알고 갑자기 은혜를 갚기 위해 결혼을 하는 과정도 그렇거니와 순영의 맹목적인 헌신과 순종은 도저히 근대 여성의 사고방식으로 볼 수 없는 것이다. 특히 마지막 장면에 가서 대철이 어떤 스님의 돈을 받고 자신의 생명을 구해주었다는 사실까지 합치면 이 소설은 갈등과 긴장, 삼각관계 등의 근대 소설의 공식을 완전히 배반한 것이 된다.

그러나 이 작품의 플롯은 심우도의 그것과 비교할 때 완벽하게 일치하고 있는데 이는 한용운이 의도적으로 심우도에 입각하여 작품을 썼음을 의미하는 것이다. 그는 자신의 집을 '심우장'이라고 할 정도로 심우도에 대한 관심이 깊었다.

❷ 소설의 구조 분석

① 심우 : 시골에서 자란 순진한 소녀 순영이 색주가로 팔려감.
② 견적 : 색주가 동무들의 시샘 때문에 누명을 썼으나 오해가 풀림.
③ 견우 : 월미도에 놀러갔다가 대철이란 남자를 만남.
④ 득우 : 대철이 물에 빠졌던 자신을 구원해 준 은인임을 알고 은혜를 갚기 위해 결혼함.
⑤ 목우 : 대철의 바람기와 사기성에 모진 시련을 겪고 아들마저 죽음.
⑥ 기우귀가 : 처음의 마음을 끝까지 지키며 헌신한 결과 대철이 참회하고 죽음. 운옥의 어린 시절 원한으로 색주가에 팔린 사실을 알게 됨, 운옥의 참회.
⑦ 망우존인 : 대철이 한 스님의 돈을 받고 자신을 구원해 준 사실을 알게 됨.
⑧ 인우구망 : 정평 환희사로 갔으나 은인인 정공(淨空) 스님은 입적하고 순영은 부처님에게 귀의함.
⑨ 반본환원 : 정공 스님의 사십구일제.
⑩ 입전수수.

순영이 집을 나와 색주가에 팔려간 것은 심우에 해당하며, 그곳에서도 곧고 바름을 잊지 않는 것은 본성의 자취를 어렴풋이 느낀 것을 의미한다. 이후 대철을 만나 결혼하고 그의 횡포를 참아내는 것은 탐하고 성내고 어리석은 삼독의 때가 묻은 자신의 본성을 지우는 단계로 볼 수 있다. 결국 순영의 노고에 의해 대철과 운옥은 참회하고 죽는다. 이는 소와 내가 일체가 된 경지를 의미한다. 그러나 대철이 자신의 생명의 은인이 아니라 한 스님임을 깨달은 사실은 소가 본성을 찾기 위한 방편이며 이제 뗏목을 타고 피안에 도달했으니 그것을 버려야 할 때가 되었음을 의미한다. 그녀는 진짜 생명의 은인인 정공 스님이 입적했음을 알고 불교에 귀의한다.

❸ 시의 구조 분석

<님의 침묵>[79]에 나타나는 님과의 이별을 대하는 화자의 심정은 여러 단계로 나뉜다. 님과의 이별을 안타까워하는 심정에서부터 님에게 복종하는 자신의 심정, 나아가 님과의 이별을 당연시하는 태도에 이르기까지 다양한 양상을 보이고 있다. 이는 심우도의 각 단계에서 소와 나와의 관계와 일치한다. 대략 그 단계를 나누어 보면 다음과 같다.

① 심우 : <님의 침묵>, <리별은 미의 창조>, <님을 잇고저>, <나의 길>, <금강산>, <고대>
② 견적 : <알수 업서요>, <꿈 쌔고서>
③ 견우
④ 득우 : <가지 마서요>, <예술가>, <리별>, <하나가 되야주서요>
⑤ 목우 : ④와 같음 <나룻배와 행인>

---

79 한용운, 『님의 침묵』, 안동서관, 1925, pp. 1-168.

⑥ 기우귀가 : <복종>
⑦ 망우존인 : <참어주서요>, <그를 보내며>
⑧ 인우구망 : ⑦과 같음
⑨ 반본환원 : <거짓 리별>, <오서요>
⑩ 입전수수

  예를 들어 <님의 침묵>은 1단계인 심우에 해당한다. 화자는 님과의
이별을 시인하지 못하고 이별을 서러워한다. 뜻밖의 이별에 놀란 가슴
이 새로운 슬픔에 터지는 단계인 것이다.
  님을 찾아나선 화자는 님의 자취를 발견한다. <알수 업서요>에서처
럼 '바람도업는공중에 垂直의 波紋을내이며 고요히써러지는 오동닙'에
서 님의 자취를 느끼고 '지리한장마끗테 서풍에몰녀가는 무서은 검은
구름의 터진틈으로 언뜻々々보이는 푸른하늘'[80]에서 님의 얼굴을 본다.
님을 본 화자는 도망가려는 님과 씨름하며 애원한다. 님은 성난 소가
되어 반항하는 님을 달랜다. 득우와 목우의 단계인 것이다.

  그것은 어머니의가슴에 머리를숙이고 자긔々々한사랑을 바드랴고 쌔
죽거리는입설로 表情하는 어엽븐아기를 싸안으랴는 사랑의날개가 아니
라 敵의旗발임니다
  그것은 慈悲의白毫光明이아니라 번득거리는 惡魔의눈(眼)빗임니다
  그것은 冕旒冠과 黃金의누리와 죽엄과를 본체도아니하고 몸과 마음을
돌々뭉처서 사랑의바다에 퐁당너라는 사랑의女神이아니라 칼의우슴임
니다
  아ㅅ 님이어 慰安에목마른 나의님이어 거름을돌니서요 거긔를가지마
서요 나는시려요
                                        ―<가지마서요>[81]

이제 화자는 소의 등에 타고 한가하게 귀가한다. 그것은 자유보다 복종을 좋아하며 행복하게 여기는 화자의 단계라 볼 수 있다. 그러나 귀가 후 화자는 소도 잊고 자신도 잊는 주객일치의 단계에 이른다. 화자는 <참아주서요>에서 '나는 당신을 리별하지아니할수가 업슴 니다 님이여 나의리별을 참어주서요 당신은 고개를넘어갈째에 나를도러보지 마서요 나의몸은 한적은모래속으로 드러가랴함니다'라고 말한다. 반본환원의 경지, 열반의 경지를 화자는 이렇게 표현한다.

당신은 나의죽엄속으로오서요 죽엄은 당신을위하야 準備가 언제든지 되야잇슴니다
만일 당신을조처오는사람이 잇스면 당신은 나의죽엄의뒤에 서십시오
죽엄은 虛無와萬能이 하나임니다
죽엄의사랑은 無限인同時에 無窮임니다
죽엄의압혜는 軍艦과砲臺가 씌끌이됨이다
죽엄의압혜는 强者와弱者가 벗이됨니다

<오서요>[82]

(4) 만해 문학의 테마파크화

<심우도>의 서사 구조는 사찰의 그것과 일치하고 만해의 문학 또한 이 서사구조와 상동 관계를 이룬다. 그렇다면 일찍이 교인들로 하여금 공간체험의 과정에서 불교의 교리를 이야기로 엮어나가도록 만든 조선시대 사찰의 공간 배치를 만해 문학에 응용할 수 있다고 본다. 절의 건축 양식을 그대로 도입하지는 않더라도 그 상징을 이미지화함으로써 만해의 불교 사상을 적절하게 표현할 수 있는 것이다.

81 위의 책, p. 8.
82 위의 책, p. 158.

　　다음 사진들은 참고로 할 수 있는, 각 절들의 서사요소들이다. 서사의 순서대로 이미지들을 보면서 한용운의 시에 나타나는 구절들과 병치시켜 보자.

사성제 고(苦)

고(苦) 속계의 연장, 유입성

사찰 진입부

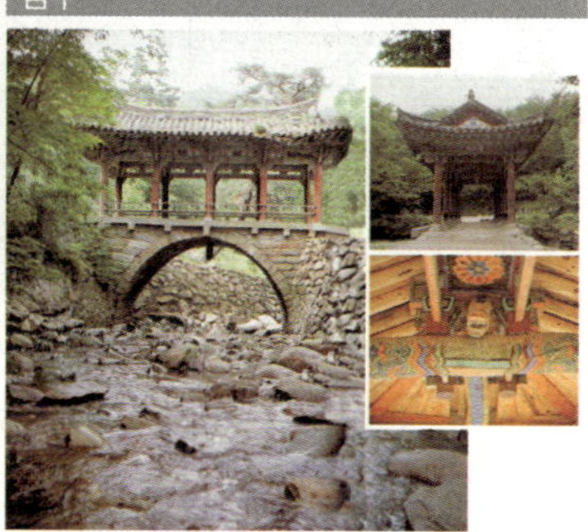

심우

화엄사의 당간지주(장승) : 경내의 수호.
당간 : 하늘로의 통로

송광사 입구의 하마비 : 부처의 세계가 시작됨을 예비

송강사의 청량각 : 다리와 연못

사성제 집(集)

집(集) 공간의 정화

산문의 중첩

견적, 견우, 득우, 목우

화엄사 일주문 : 세속의 흩어진 마음 하나로 모음

법주사 금강문 : 부처를 　호위하는 금강역사, 고통과 번뇌를 끊어버림

법주사 천왕문 : 불법을 수호하는 사천왕, 인간을 보살피고 만물을 소생시키며 복락을 나누어줌

범어사 불이문 : 해탈

사성제 멸(滅)

송광사의 종고루(누각) : 극락세계의 보
배누각 〈관무량수경〉, 모든 중생을 인
도하는 불법의 도량

화엄사 마당 : 힘겨운 상승의 고행과정
을 겪은 후 평탄한 마당을 만남, 수미
산 정상의 하늘층 위에 존재하는 불
국토의 청정한 대지

화엄사 5층 석탑 : 부처의 육신

화엄사 석등 : 부처가 토해낸 진리의
법문

송광사 대웅전 : 멸성제의 공간. 사바
세계에 태어났던 석가모니 봉안, 석가
모니가 성불한 공간

송광사 극락전 : 서방극락정토의 구존
인 아미타불을 봉안, 대웅전 서쪽에
위치

통도사 대광명전 비로자나 삼신 불화 :
화엄경의 주종인 비로자나불을 모심,
연화장 화엄세계

금산사 미륵전 : 미래의 부처인 미륵불
을 봉안

**화엄사 극락전 닫집(上), 통도사 대웅전
꽃천장(下) :** 장식이 나타내는 상징,
〈화엄경〉의 부처님 모습과 풍경묘사
 －닫집의 용, 여의주, 극락조, 연꽃,
오색구름, 천장의 꽃 : 꽃비, 문살

사성제 도(道)

관음전 : 현실적 기원의 공간

지장전 : 명부로의 통로

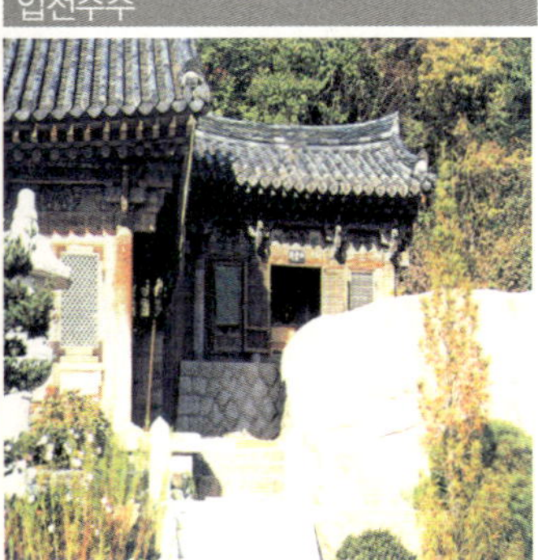

신중단 : 산신, 칠성, 독성 등을 봉안

제2장

국민안전체험 테마파크

1. 테마파크 건립의 기본 방향

이 연구는 강원도 태백시 장성동 31번지 일원에 국민안전체험 테마파크의 조성 사업에 공모한 작품을 대상으로 하고 있다. 당시 필자는 스토리텔링 분야를 담당하였다. 이 조성 사업의 배경은 첫째, 21세기 전략산업으로 관광산업이 급부상하고 있다는 점, 둘째, 개발보다 환경보존이 중시되는 현재의 상황, 셋째, 태백의 자연적·입지적 환경을 극대화해야 할 시점이라는 점, 넷째, 안전 및 사고예방에 대한 관심의 증대 등이었다.

특히 태백시는 그간 핵심 기간산업이었던 석탄 산업이 사양화하고 지역경제가 침체되고 있기 때문에 대체산업의 육성이 시급한 실정이었다. 여기에 마침 국민안전체험 관리공간과 안전체험 교육을 위한 시설 설립이 필요해졌고 대체산업이 필요한 태백의 요구와 일치하게 되었다. 영동권의 수려한 자연환경을 활용한 독자적이고 특색 있는 콘셉트를 지닌 국내 최대 규모의 안전체험 테마파크 조성 사업이 시행되게 된 것이다.

미리 제시된 안전체험 테마파크의 개념은 안전에 대한 중요성을 인식시키고 놀이시설을 이용한 안전체험을 통하여 각종 재난 발생 시 능동적으로 대처할 수 있는 능력을 배양하는 시설, 즉 교육(Education) 기능과 위락(Entertainment) 기능이 복합된 신 개념의 에듀테인먼트 주제공원(Edutainment Theme Park)을 말한다.

2. 개발 여건 분석 및 기본 방안 도출

(1) 물리적 환경 분석

개발 대상지는 강원도 태백시 장성동 31번지 일원에 조성되며 면적은 954,000m²(약 288,585평)로 동측의 장성 지역과 서측의 철암 지역을 중심축으로 동서 방향으로 장선형의 부지 현상을 지니고 있다. 임야가 91.5%를 차지하고 있고 전체적으로 소나무림이 분포되어 있다. 대부분이 600m 이상의 산악 지역이고 81%가 경사도 20% 이상의 급경사지를 이루고 있다.

교통 여건도 그렇게 좋지는 않다. 영동고속도로와 중앙고속도로를 이용하여 국도 31, 35, 38호선 등을 통해서 접근, 태백선과 영동선 등의 철도를 통한 접근이 가능하다. 그러나 서울과 태백 사이의 이동 시간이 왕복 2차 곡선으로 구성되어 있어서 4시간 이상이 소요되어 접근성이 많이 떨어지는 편이다.

(2) 기본 계획에 제시되어 있는 사항 분석

태백시에서 분석한 현재 의무교육 시장은 첫째, 소방교육 시스템의 경우, 소방방재청, 중앙119 구조대, 중앙소방학교, 소방항공대, 지방소방학교의 의무교육인원이 있다. 민간교육 시스템으로는 방화관리자, 위험물 안전관리자, 소방설비기사, 공공기관방화관리자, 위험물 운송업자, 다중이용업소, 재난관리업무종사자와 소방관련 학과 학생들이 있다. 이들의 교육 사항을 파악하면 일상생활에서 일어나는 사고 교육 위주로 시설 및 프로그램을 운용하고 있고 항공기 훈련은 대한항공 훈련센터에 위탁하고 있으나 붕괴, 매몰 등의 특수 훈련은 시설이 없어 한계를 노출하고 있다. 이들을 위한 전문 교육장의 개발이 시급한 실정이다.

따라서 1차적으로는 의무교육으로 소방공무원 등 위에 열거된 인원들이 될 것이고 자발교육 시장으로는 학생들과 학교 동아리 및 캠프들이 대상이 될 것이다. 나아가서 관광객들도 즐기면서, 재난에 대처하는 법을 훈련할 수 있도록 할 수 있다.

이런 계층들을 타깃으로 교육 및 훈련시설과 기타 시설물을 건축하는 것이 이 테마파크의 기본 구상안에 들어 있다. 교육 훈련 시설로 첫째, 의무교육 시설이 있다. 소방·안전훈련을 위한 안전체험학교와 특수훈련을 위한 붕괴·매몰 구조, 항공기 구조, 지하철 및 지하공동구 조사 시설이 있다. 둘째, 자발교육시설로 자연재해 체험관, 인위재난체험관 등 체험형 시설과 재난역사관, 어린이 안전관, 교육학습관, 소방과학관 등의 교육형 시설이 있다. 교육 부대시설로는 안전마을, 야외전시, 희생자 추모 공원이 있다. 기타 옥외 레크리에이션 시설과 지원시설이 있다.

(3) 개발 콘셉트의 설정

다양한 종류의 재미를 대입시킨 위락적인 요소를 바탕에 둔, 교육적 요소의 개발이라는 차별성과 화제성이 이 테마파크의 기본 콘셉트이다. 따라서 안전을 지키는 영웅들이란 캐릭터의 특성을 어떻게 구체화할 것인가가 성공의 관건이 될 것이다.

참고로 발주처에서는 영웅들의 활동 영역을 세 개로 나누어 소개한 바 있다. 첫째, 천상의 영역으로 뇌우나 바람 등에 의한 풍해나 수해의 영역, 둘째, 지상의 영역으로 인재(人災)에 의한 공포의 영역, 셋째, 지하의 영역으로 주로 불을 수반하는 화산, 지진 등의 영역을 통해 지옥을 연상시키는 영역이 있다.

3. 개발의 범위 및 방법

(1) 테마 도출 사전 방향 잡기

재난을 물리치고 안전을 책임지는 위험 요원들에게서 영웅의 테마를 발견한 것은 좋은 기본 콘셉트이다. 그러나 서구적 영웅은 한국의 정서에 맞지 않는 점이 있다. 특히 태백이라는 지역이 지니는 이미지에 이미 한국형 영웅인 단군이 존재하기 때문에 더더욱 그렇다.

태백에는 근원(origin)이란 의미가 강하게 자리 잡고 있다. 첫째, 어원에 배달민족이란 의미가 강하다. <단군신화>에 환웅이 태백산 신단수 아래로 내려온다는 구절이 있으며 이곳의 명소인 천제단(天祭壇)은 태고 때부터 하늘에 제사를 지내던 제단이어서 그 신빙성을 더하게 한다. 더구나 이곳은 한강과 낙동강의 발원지로서 홍수설화 중 하나인 황지연못 전설까지 더해져서 문명의 발원지임을 분명하게 하고 있다. 그리고 이곳에서 채굴되어온 석탄은 지구의 생성기인 고생대에 생성되었으며 석탄의 사용으로 인류 문명이 생성될 수 있었고 생명의 필수요소로서 그 근원성이 존재한다.

그리고 두 번째 키워드인 안전(safety)은 재난 극복의 개념이 들어 있는 바, 재난을 극복하고 통과하는 성장의 통과제의와 맞물려 있다. 즉 민족의 근원인 단군의 성장, 고난 극복으로서의 영웅설화는 근원과 안전의 두 키워드를 함축하는 스토리텔링의 요체라고 볼 수 있다.

(2) 이야기 만들기[83]

<단군신화>는 한국인이라면 누구나 다 아는 스토리로서 관람객들에게 친근감을 느끼게 하여 쉽게 몰입할 수 있도록 할 수 있다. 그러나 '노인'이라는 이미지가 강하기 때문에 아무래도 청소년들에게 소구하기에는 무리가 있고 특히 가난 극복의 영웅 이미지로 만들기 위해서는 단군의 나이를 유년기로 조정할 필요가 있다. 그리하여 각색된 단군 이야기를 만들 필요가 있는 바 전체적인 줄거리를 다음과 같이 꾸며보았다.

---

83 최혜실, "국민안전체험 테마파크 조성공사 테마개발 용역 보고서", 2005. 12.

등장인물들

영웅 계열

■ **룩스**

룩스(Lux)는 우주 기둥을 통해서 내려온 아버지 환인과 곰의 화신인
웅녀 사이에서 태어났다. 아버지는 칼, 거울, 방울을 정표로 남기고
다시 은하계로 돌아간다. 룩스는 아버지의 고향 은하계로 가는 유일
한 장소인 우주 기둥을 찾아 중간계를 헤맨다.
주무기 – 칼 : 강력한 적의 급소를 찔러 무찌를 때 쓴다. 레이저가 발
　　　　　　사된다.
　　　　– 방울 : 바람, 비, 구름의 원조자들을 부를 때 쓴다.
　　　　– 거울 : 많은 적들이 나타났을 때 적들이 자신들의 얼굴이 비
　　　　　　친 거울을 보면 녹아 버린다.

■ **나이아**

단군 애인 이름 나이아(Naia)는 물의 요정 나이아데스(naiads)에서 나왔다.
주무기 – 파이얼(phial) / 바이얼(vial) – 약병 : 약병에서 나오는 생명수로
　　　　　　죽어가는 사람들을 살린다.

■ **요정 3 : 브리저, 클라우더, 레이너**

룩스의 원조자이며 룩스 아버지의 부하들이다. 이들은 룩스를 도와
주라는 부친의 명령을 받고 지상에 내려 왔다. 어려움이 닥칠 때마다
홀연히 나타나 도와준다.

■ **브리지어스(Breezious) / 브리저(Breezer)** – 바람의 요정

■ **클라우더스(Cloudious) / 클라우더(Clouder)** – 구름의 요정

■ **레이너스(Rainious) / 레이너(Rainer)** – 비의 요정

반영웅 계열

■ **루시우스(Lucius)**—반인반호

루시퍼(Lucifer)에서 유래. 룩스를 시기하고 미워하는 무리 중 하나.
룩스 어머니의 라이벌이자 21일을 참지 못해 인간이 되지 못한 반
인반호(半人半狐)이다.

■ **켈피**

나이아를 질투하는 물의 악령

■ **고르곤 세 자매**—붕괴와 파멸을 부른다.

룩스의 미션을 방해한다. 인류의 패배를 자신들의 번영보다 더 좋아
하는 흉악한 무리. 폭풍, 화재, 붕괴의 여신들이다. 이들은 화재와 붕
괴와 파멸을 부른다. 바람, 구름, 비의 정령과 대결하지만 마지막에는
늘 패배한다.

■ **스텐노**—폭풍의 괴수

■ **율리알레**—화재의 괴수

■ **메두사**—붕괴의 괴수

인물 대조표

영웅계	룩스	나이아	브리저	클라우더	레이너
아이템	칼 거울 방울	파이얼 /바이얼 (생명의 물)	바람	구름	비
반영웅계	루시우스	켈피	스텐노	율리알레	메두사
아이템			폭풍	화재	붕괴

전체적인 줄거리

　룩스(Lux)는 우주 기둥을 통해서 내려온 아버지 환인과 웅녀 사이에 태어났다. 아버지는 빛의 검을 정표로 남기고 다시 은하계로 돌아갔고 소년으로 성장한 룩스는 아버지의 고향 은하계로 가는 유일한 장소인 우주 기둥을 찾아 중간계를 헤맨다. 그에게는 사랑하는 연인이며 물의 요정인 나이아가 있다. 또 항상 바른 말로 그를 인도하는 책사(쑥, '좋은 말은 입에 쓰다'는 격언)와 악의 무리를 물리치는 용사(마늘, 세균을 물리치는 능력)가 있다.

　그러나 그를 시기하고 미워하는 무리들이 많아 룩스의 고난이 시작된다. 어머니의 라이벌이자 21일을 참지 못해 인간이 되지 못한 반인반호(半人半狐, 天狐)의 방해공작. 나이아를 질투하는 물의 악령 켈피 등이 있다. 어려움이 닥칠 때마다 홀연히 나타나 도와주는 풍백, 우사, 운사와 그에 대립되는 괴물 세 자매 고르곤(스텐노, 율리알레, 메두사)은 늘 싸운다. 중간계를 헤매는 룩스는 과연 보물(동검, 동경, 동령)을 지닌 채 무사히 우주 기둥을 통해 은하계로 갈 수 있을까?

　룩스는 생명의 정원에서 마늘과 쑥을 가지고 와서 고통당하는 사람들을 구하는 것이 주 임무이다. 마늘과 쑥이 있는 정원은 가난, 시기, 속임수, 도둑질 등 많은 악들이 사라지고 행복과 보살핌, 살림이 있는 곳이다. 또한 이곳은 룩스의 아버지가 다스리고 있다.

　지금 사람들이 살고 있는 곳에는 악의 무리들이 블랙 바이러스를 살포하였다. 블랙 바이러스에 감염된 사람들은 동물의 모습으로 변한다. 이 블랙 바이러스를 소탕할 마늘과 쑥은 생명의 정원 안에 있다. 룩스는 생명의 정원으로 들어가 마늘과 쑥을 가져와 세상을 구해야 한다.

　룩스는 임무를 완수하기 위해 생명의 정원으로 향하던 중 악한의 손에 부모를 잃고 방황하는 남매를 만난다. 이 아이들도 블랙 바이러스에 감염되어 동물의 모습으로 변해 있으며 죽을 날이 멀지 않았다. 착한 남매의 고통을 지켜보며 마늘과 쑥을 구할 마음이 더 절실해진다.

룩스는 소년과 소녀를 데리고 생명의 정원으로 떠난다. 가는 길에 고통으로 숨이 가빠진 이들을 도우려는 나이아를 만난다. 그리고 악한들을 만나 한바탕 전쟁을 치른다. 이때 바람, 비, 구름의 요정이 이들을 도와준다.

생명의 정원으로 가는 길에는 많은 사람들이 고통을 받다가 동물의 모습으로 변하여 죽어 있다. 나이아는 뼈살이꽃으로 이들의 뼈를 다시 살리고, 살살이꽃으로 살을 채우고, 숨살이꽃으로 숨을 살려 놓는다. 그러나 더 많은 이들을 단시간에 구하기 위해서는 생명의 정원에 있는 마늘과 쑥이 있어야 한다. 이들의 여행은 어떻게 전개될 것인가?

〈단군과 나이아〉

단군 인간의 모습이면서도 신적인 존재의 표현이 필요하다. 젊고 화려하면서도 한눈에 단군임을 알아볼 수 있는 이미지가 필요하다.

나이아 단군의 애인이며 물의 요정. 신비로운 분위기와 물의 요정이라는 점을 감안하여 물을 다룰 줄 아는 능력이 이미지에 나타나야 한다.

태백은 수도권으로부터 원격지이며 접근 도로망이 불량하고 교통 지체현상이 심한 곳이다. 때문에 사람들로 하여금 가고 싶은 곳이라는 감성적 유인책이 따로 필요한 곳이다. 이를 위해 가상공간의 감성적 위력을 활용하는 방법을 제안하고자 한다.

사이버 공간은 '정감적 공동체'로서 이해관계 없이 감성으로 집중하며 소수 가치에 응집, 해산하는 유목집단이다. 공간의 몰입성 때문에 많은 사람들을 가상공간의 재미, 감성을 현실 공간에 적용하려는 욕구를 가지게 된다. 예를 들어, 게임이나 영화의 캐릭터에 몰입하여 관련 물품을 모으거나 현실공간에서 캐릭터가 입은 옷으로 코스프레를 하기도 하는 등 열성적인 마니아층이 많이 생긴다. 태백에 관련시켜 온라인 게임을 만들고 그 게임 캐릭터를 현실공간의 캐릭터로 활용한다면 많은 젊은 관람객들이 태백에 가고 싶어 할 것이다.

예를 들어 <태백 에듀벤처> 같은 게임을 만들어 온라인 게임을 하는 한편, 게임 상의 다양한 퀘스트를 현실공간에 푸는 온·오프라인 연계 게임을 만드는 것이다. 연계 게임 내용 삽입 또한 <리니지> 같은 인기 있는 게임회사와 협약을 맺어 그 게임 캐릭터를 활용하는 방안도 있다.

4. 공간에 펼쳐진 스토리텔링

(1) 스토리텔링의 공간화 1 : 안전체험관

안전체험관은 물, 불, 흙, 공기의 네 원소가 일으키는 재난을 중심으로 공간을 구성하고 중앙에 생명의 근원이며 지혜의 돌로 상징되는 탄소를 중앙에 비치, 총체적인 재난극복의 일반론을 교육하는 장으로 활용한다.

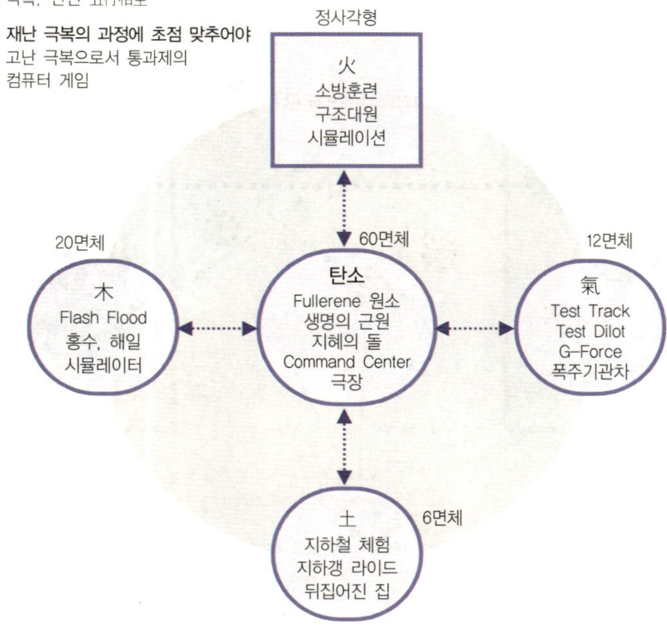

(2) 스토리텔링의 공간화 2 : 전체 스토리 라인

　　장성 쪽은 단군의 어린 시절, 탄생과 교육을 받았던 기간으로 설정하고 중앙의 부분은 고난 극복의 기간으로 설정한다. 철암 쪽은 고난을 극복하고 안전을 획득하는 기간으로 설정 그 주제에 맞는 시설을 설치한다. 첫 번째 구간에는 유년 시절의 놀이공간인 테마파크와 교육 시설인 안전체험관을 건설하여 교육의 장으로 삼는다. 두 번째 구간은 신체단련 등의 장을 만들어 고난 극복, 통과제의의 스토리텔링을 만든다. 마지막으로 세 번째 구간은 안전획득의 장으로 레저마을, 안전체험 마을을 설립하여 훈련 후 휴식의 장소로 활용하도록 한다.

■ Skypia 청년 단군의 태백여행[84]

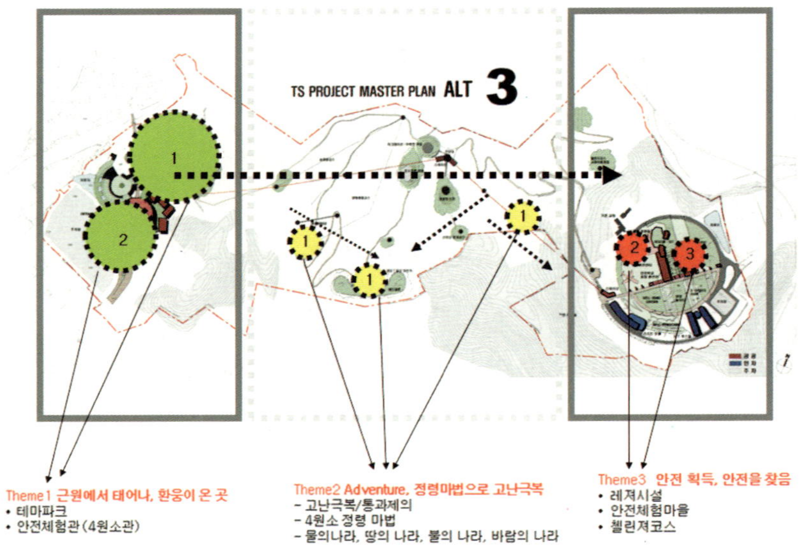

---

84 정림건축 TS Project 테마 개발팀, 2005. 7. 21.

(3) 온·오프라인 연계 게임의 장소

전반적인 체험 구조는 다음과 같다.

■ 테마 전개(일반)

주제: Aduventure
컨셉: 고난극복과 안전한 삶

이야기
1. 중앙지구: 단군신화 주제체험 (별도제시자료 참조)
2. 장성지구: 공간별 체험시나리오 (별도제시자료참조)

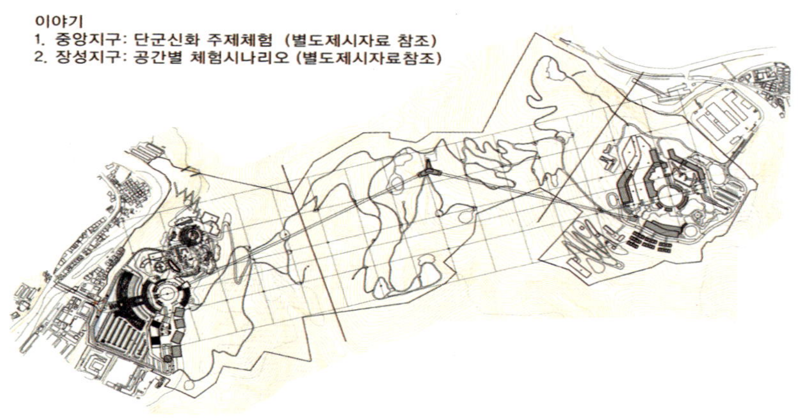

■ 테마 전개(특화)

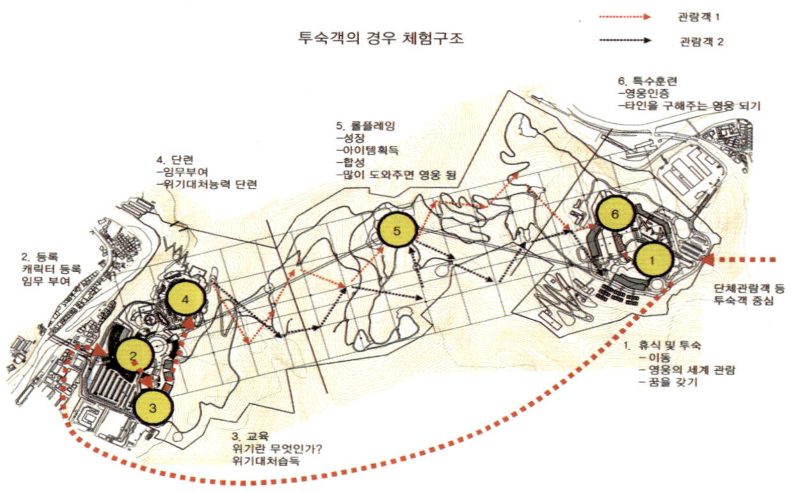

5. 결론

    지금까지의 논의를 종합하여, 스토리텔링의 전체 구조를 다음과 같이 이미지화할 수 있다.

■ 게임형 테마파크 스토리텔링의 전체 구조

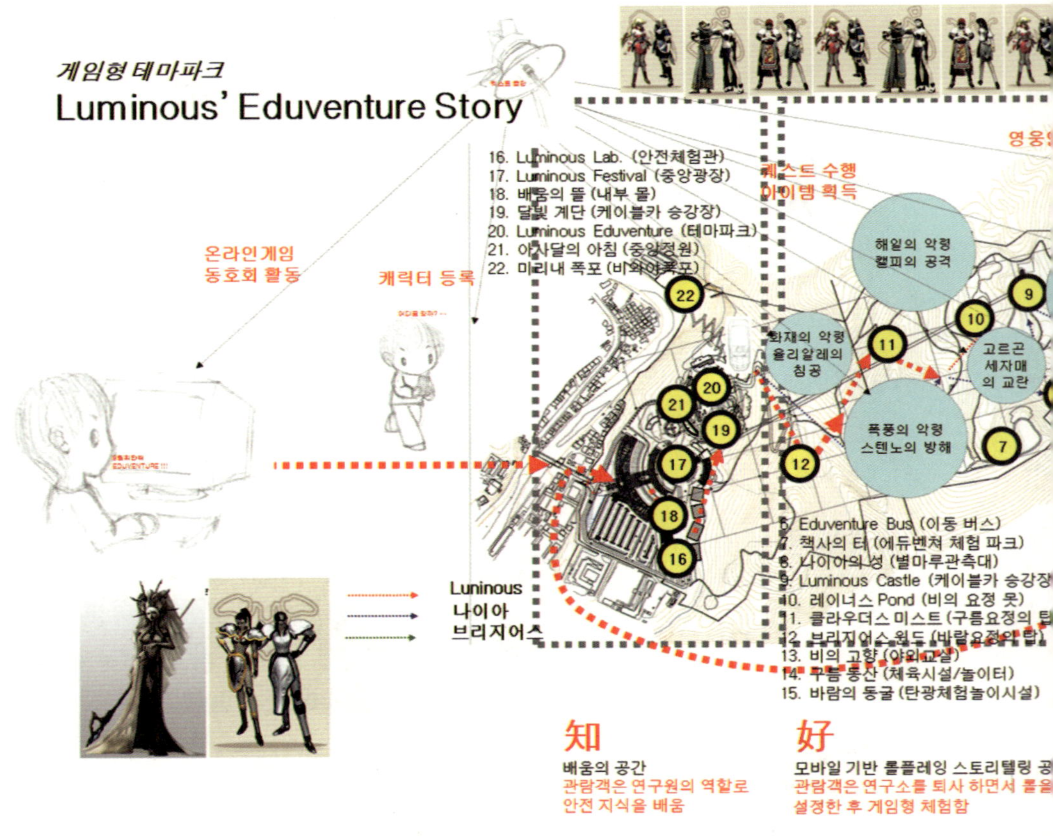

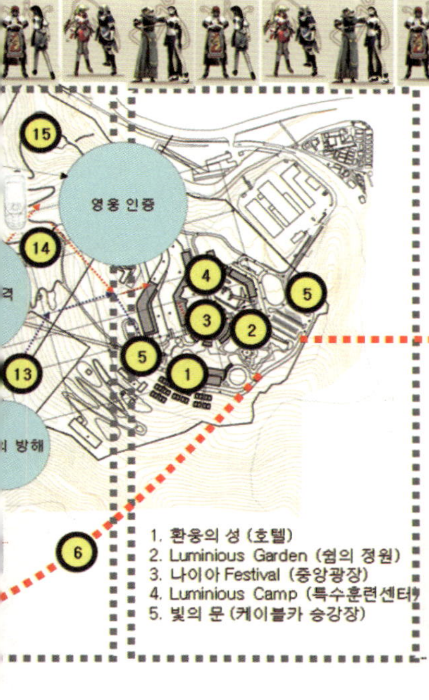

우주 기둥을 타고 내려온 환인과 환웅 사이에 태어난 루미너스는 아버지의 고향으로 찾아가 왕위를 이어받아야 한다. 루미너스는 아버지의 고향 은하계로 가는 유일한 장소인 우주 기둥을 찾아 중간계를 탐험해야 하는 것이다. 그의 주무기는 칼, 방울, 거울이다. 그의 사랑하는 연인이며 물의 요정인 나이아의 무기는 생명수로 죽어가는 사람을 살릴 수 있다. 바람의 요정, 구름의 요정, 비의 요정의 보호를 받아 길을 떠나는 루미너스의 상황에 한껏 고무된다. 중앙광장을 지나 안전 체험관에 도착한다. 자연 발생 재난의 원인을 체험하며 지구와 한국의 역사를 배운다. 안전의 소중함에 엄숙해지는 자신을 느끼다.

樂

영웅들의 Well being 공간
영웅들은 고난도의 비법을 단련하며,
일반인들에게 지혜를 전수함

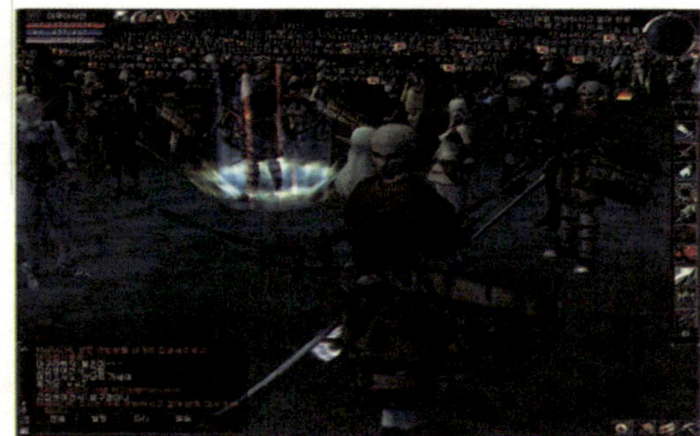

1. 테마거리 조성의 방향

(1) 조성 목적

대구 게임테마거리는 문화산업을 **GRDP**의 17% 수준으로 끌어올리겠다는 대구광역시의 <대구문화발전계획>의 일환으로 대구광역시에 의해 조성이 계획되었다. 대구광역시는 이미 대명동 계명대 캠퍼스 3만 5천 평 일대에 문화산업 클러스터를 조성하여 2004년 6월 문화관광부로부터 "정부지정 문화산업단지"로 공식 지정을 받은 바 있다. 이제 대명동 캠퍼스 앞의 거리에 **IT** 콤플렉스와 게임 박물관을 신축하고 거리와 골목 등지에 스토리텔링에 기반한 테마파크라는 새로운 개념의 문화산업 중심지를 계획하려고 한다.

대구 문화산업 클러스터 내에서 생산 서비스 중인 게임을 클러스터 근접지에 위치한 소비 인프라와 연계하여 스토리텔링에 입각한 게임테마파크 조성의 아이디어와 기본 구상을 제공하는 것이 본 연구의 중심 내용이다. 게임을 테마로 하는 거리 조성을 통해 대기업의 신기술을 실험해 볼 수 있는 테스트 베드 공간은 물론 학회, 연구소, 게임개발업체, 게임관련업소 등을 유치하여 일반 시민들이 게임과 관련하여 각종 문화를 쉽게 체험하고 이를 통해 게임의 입지를 넓히려는 것이 목적이다. 기본 개념은 사이버 공간과 실제 공간의 혼합 현실 속에서 생산, 소비, 문화가 융합된 문화산업중심지이다.

(2) 조성 내용 및 방법

이미 설립되어 있는 거리를 재개발하는 사업이라서 주민들의 동의와 협조가 필수적이므로 설문조사부터 실시하였다. 기간은 2005년 1월에서 2월 사이에 대명동 계명대 주변 상가에서 사업을 하고 있는 상인 100명, 건물 소유주 30명, 대구 시내 게임개발업체에 근무하는 자 50명, 주변 상가를 이용한 경험이 있는 소비자 200명을 대상으로 하였다. 사업 대상 지역 및 주변의 시민과 상인, 건물주 등 사업자 등을 대상으로 게임문화에 대한 인식, 주변 상가 현황 및 실태, 게임과 디지털 문화의 소비 성향, 테마거리에 대한 호감도를 설문내용으로 하였다.

12월 말에서 2월에 걸쳐 조사 지역인 대명동 계명대 사거리와 계명대 주변 상가를 이용하는 유동 인구를 대상으로 1 대 1 인터뷰를 실시하였다. 입지분석과 문헌조사도 병행하였다. 해외답사를 통해 관련 지역을 벤치마킹할 수 있었다.

2. 대구 게임테마거리 현황 및 분석

(1) 사업 대상 지역 설문조사

조사 대상은 앞에서 제시한 바 있으며 조사방법은 설문지 구성에 대한 타당도 검증을 전문가에 의해 검증받았으며 예비조사로 대명동 계명대를 이용한 경험이 있는 대학생 10인에게 사전 설문조사를 실시하였다. 이렇게 구조화된 설문지를 이용하여 면접원 1 대 1 면접 조사를 하였다. 설문조사는 2005년 1월 23일에서 27일에 걸쳐 실시되었으며 통계분석은 SPSS WIN V.12.0을 이용하였다.

조사 대상자 중 상인 응답자의 특성을 살펴보면 연령은 20대에서 50대까지 고르게 분포되어 있고 남자가 조금 더 많았다. 업종은 음식점이 50%, 오락서비스가 20%, 유흥업소가 10%로 주로 유흥, 오락이 주종을 이루고 있었으며 가구점도 14%를 차지하고 있었다. 건물주 응답자의 업종은 음식점이나 유흥업종이 대부분이었다.

게임개발업체 응답자의 주요 특성을 살펴보면, 대체로 온라인 게임이나 모바일 게임을 개발하는 업체에 종사하고 있었고, 근무업체의 종업원 수는 21명에서 30명 사이가 36%로 제일 많았으며 주요 수익원은 아이템 판매와 게임 이용료였다.

소비자 응답자의 연령대는 20대가 61%로 가장 많았다. 이용자 대부분이 학생들이었다는 점을 고려할 때 당연한 결과로 보인다.

주요 응답들을 살펴보면, 먼저 응답자들의 게임 문화에 대한 인식은 다음과 같다. 게임업체가 가장 긍정적인 응답을 한 반면에 건물주의 경우는 부정적으로 응답하였다. 상인의 경우 게임의 보편성과 건전성, 재미를 높이 평가하고 있었고, 소비자의 경우, 게임의 재미, 호감도, 보편성, 이해력, 친숙성, 건전성 등 사회성을 제외한 영역에서 보통 이상의 수준으로 긍정적으로 인식하고 있었다.

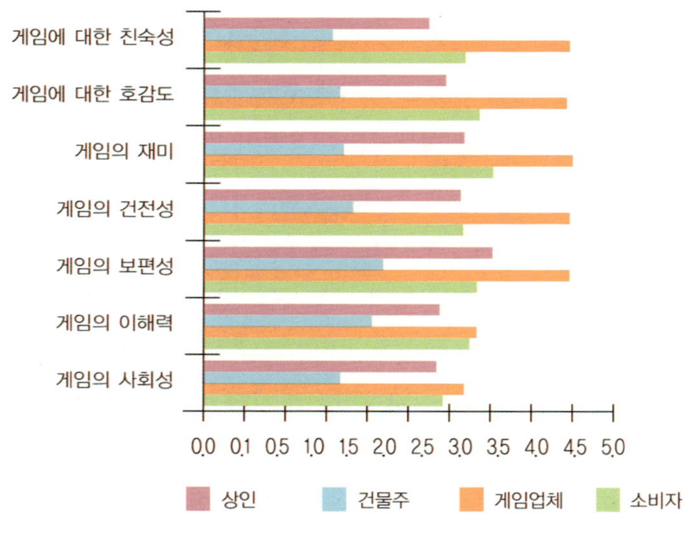

게임문화에 대한 인식

게임 산업에 대한 관심 수준을 알아본 결과 게임개발업체의 관심 정도가 가장 높고 건물주의 관심도가 가장 낮은 것으로 나타났다. 특히 상인의 경우 관심이 있는 집단과 없는 집단이 골고루 분포되어 있어 의견이 분산될 우려가 있다.

게임 산업에 대한 전망이 매우 밝은 것으로 인식하고 있고 특히 상인 응답자가 발전 가능성을 긍정적으로 생각하고 있음이 나타났다. 그러나 수익성에 대한 인식은 다소 보수적으로 나타난다. 건물주의 47%

가 수익성이 밝다고 인식하고 있는 반면, 게임업체 응답자는 44%가 그렇게 생각하고 있었다.

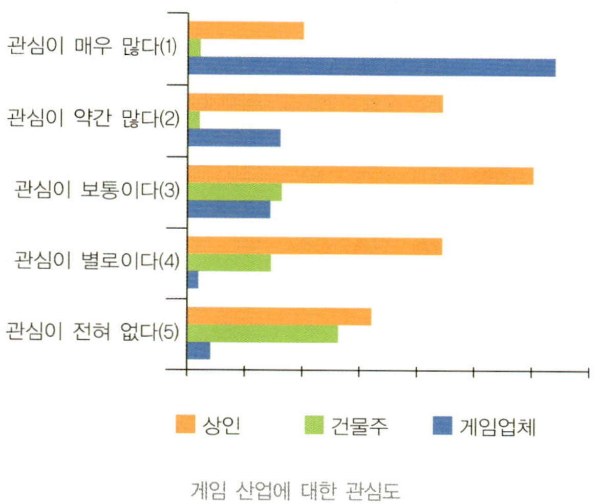

게임 산업에 대한 관심도

게임테마거리 조성에 대한 호감도를 살펴보면, 상인의 55%, 건물주의 50%, 게임업체의 62%는 적합하다고 긍정적으로 대답하였다. 소비자에게는 게임테마거리의 이용 의사를 질문한 결과, 응답자의 54.3%가 더 많이 이용하겠다, 30.9%가 이용하지 않겠다고 응답하여 긍정적인 반응을 보였다. 소비자들이 게임테마거리를 이용할 경우 주로 하고 싶은 것으로 친구들과의 모임, 놀이 공간 이용, 쇼핑, 게임 순으로 나타나 소비자들이 게임을 매개로 모임, 놀이 등을 함께 즐길 수 있는 공간을 선호하는 것으로 나타나고 있다. 한편 게임 관련 행사의 이용에는 낮은 응답을 보여서 e-sports 같은 게임관련 행사에 낯선 반응을 보이고 있는 점을 주목해야 할 것이다.

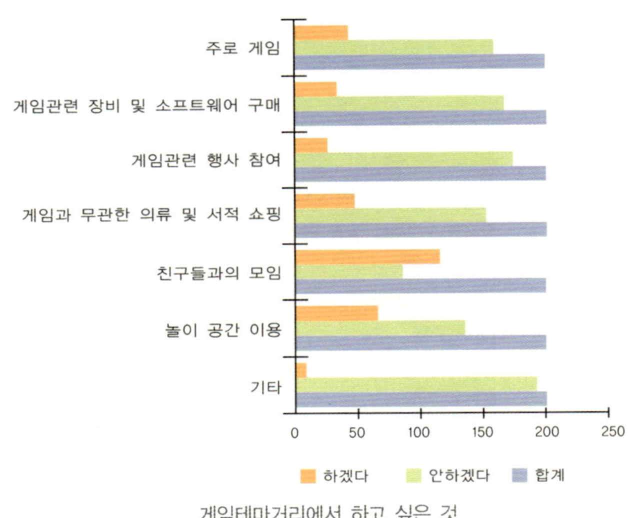

게임테마거리에서 하고 싶은 것

게임테마거리 조성에 가장 시급한 것을 묻는 질문에 대한 대답은 아래의 표와 같다.

게임테마거리 조성을 위해 가장 시급한 점

시급한 문제	상인	건물주	게임업체	소비자
전문적이고 특색 있는 상가 유치	18(18.0)	3(10.0)	7(14.3)	34(16.9)
문화예술 공간(행사)의 활성화	26(26.0)	3(10.0)	4(8.2)	44(21.9)
게임 관련 연계성 강화	7(7.0)	1(3.3)	24(49.0)	16(8.0)
거리별 문화시설 및 놀이공간 조성	10(10.0)	4(13.3)	3(6.1)	22(10.9)
교통·주차 등 편의시설 확충	22(22.0)	3(10.0)	1(2.0)	45(22.4)
놀거리·볼거리(쇼핑)문화 활성화	12(12.0)	5(16.7)	5(10.2)	37(18.4)
상가 시설 및 주변 환경 등 인프라 구축	5(5.0)	11(36.7)	5(10.2)	3(1.5)
합 계	100(100.0)	30(100.0)	49(100.0)	201(100.0)

조성에 대한 투자 의향은 매우 조심스러웠으며 재정적 부담이 되면 하지 않겠다는 답변이 많았으나 조성될 경우, 업종 전환을 고려하는 쪽

은 상당히 많은 것으로 나타나고 있다. 이런 여러 조사 결과들을 종합하여 대상지 S.W.O.T.를 작성하여 보았다.

대상지 S.W.O.T.

	STRENGTHS(강점)	WEAKNESSES(약점)
상인	• 게임 산업 발전가능성 긍정(69%) • 게임 산업 수익성 긍정(47%) • 서비스, 상가환경, 상품품질 우수	• 문화예술 공간의 부재 • 교통주차시설 취약 • 전문적이고 특색 있는 상가 부족
건물주	• 게임산업 수익성 긍정(47%) • 서비스, 상가환경 상가청결 우수 • 가격경쟁력 우수	• 게임문화 게임산업 인식 낮음 • 상가시설, 주변 인프라 부정 • 문화예술 공간의 부재
게임 업체	• 상가지역 자체는 별다른 강점 없음	• 서비스, 상가환경, 상품품질 낮음 • 문화예술 공간의 부재 • 놀거리 문화의 쇠퇴 • 전문음식점 감소
소비자	• 마니아 계층(20%) • 가격경쟁력 우수 • 먹거리와 볼거리 다양 • 서비스 우수	• 대학생 위주로 구매력 지출액 낮음 • 상권 침체, 교통 및 주차의 불편함 • 문화예술 공간의 부재 • 상가환경, 상품품질 낮음
	OPPORTUNITIES(기회)	THREATS(위협)
상인	• 테마거리 조성 긍정(55%) • 테마거리 발전가능성 긍정(91%) • 테마거리 상권기여도 긍정(72%) • 업종전환 의사(40%)	• '재정적 부담 시 투자 안 함'(36%)
건물주	• 테마거리 조성 긍정(50%) • 테마거리 발전가능성 긍정(66.7%) • 테마거리 상권기여도 긍정(50%) • 업종전환 의사(17%)	• '재정적 부담 시 투자 안 함' 혹은 '나와 상관없다'(63.3%) • 대상지에 대한 행정 재정지원 희망
게임 업체	• 테마거리 대상지 적합(62%) • 테마거리 발전가능성 긍정(90%) • 테마거리 상권기여도 긍정(82%)	• 다양한 상가유치 필요(42%) • 게임산업 시설 및 인프라 부족(42%)
소비자	• 테마거리 조성 시 '더 많이 이용하겠다'(54.3%) • 테마거리 발전가능성 긍정(82.5%) • 테마거리 상권기여도 긍정(71.1%)	• 게임과 무관한 의류 및 서적의 쇼핑을 선호하는 경향이 다소 있음

(2) 입지 여건 분석

❶ 입지적 성격

첫째, 기능적 측면에서 보면 계명대학교 정문, 후문 지역은 대학생들을 주 소비계층으로 하는 소형 상점들이 즐비하게 있고 삼각지 네거리 쪽은 주로 대형건물이 있어 부도심 역할을 하고 있다.

둘째, 장소적 측면을 살펴보면, 대상지는 현충로상으로, 양지로와 갈라지는 삼각지 네거리에서부터 계명대학교 우체국 앞길을 지나 계명대 정문과 달성로가 만나는 지점까지이다. 계명대가 인접한 지역은 대학촌이 형성되는 지역으로 상업시설, 일반 편의시설 위주의 상업시설이 다양하게 분포되어 있다.

셋째, 법적 측면에서는 상업지역이 아닌, 제2종 일반주거지역으로 지정되어 있어 시설에 다소 제한이 되고 있다. 특히 중심지미관지구 및 최저고도지구로 지정되어 있어 건물 신축에 제한이 될 것으로 예상된다.

❷ 가로환경 분석

지역별로 특성이 조금씩 다르기는 하지만 중심 상업 시설이 입지한 현충로 인근은 대형 간판이 무질서하게 부착되어 있어서 경관이 불량하다. 학교 근처의 골목에는 상점에서 세운 입간판이 보도를 점유하여서 보행자의 안전에 문제가 생길 지형이었다. 보행로는 소형 고압 블록이 포장되어 있어서 독특한 개성이 없으며 가로수도 지역적 특성을 보이고 있지 않았다.

대상지는 주요 간선 도로인 현충로로서 양지로와 분지하고 달성로와 연결되는 주요 간선도로이다. 2005년 조사한 대구광역시 전자교통신호 기술 운영을 위한 교통량 조사를 기준으로 하면, 계명 사거리는 오전에 소형 차량이 약 4,204대, 대형 차량이 177대로 조사되었고 오후 이용 차량이 총 4,955대로 가장 많이 이용되는 것으로 조사되었다. 시간대 별로 보면, 오후 7시 30분부터 7시 45분까지 1,331대가 이용되는 것으로 조사되었고 오전 9시 15분부터 9시 30분까지 877대가 이용되는 것으로 조사되고 있다. 교통량에 대한 서비스 수준이 정상적일 것이라고 판단할 경우, 도로의 소통이나 이용에 크게 무리가 없는 것으로 판단된다. 입지 여건을 종합 분석하여 도표로 만들면 다음과 같다.

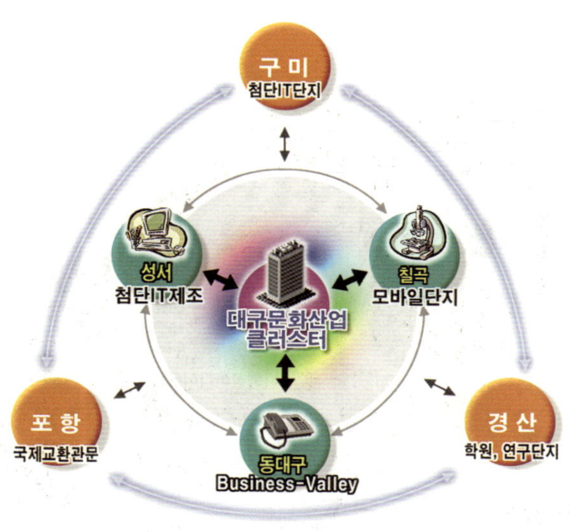

대구 문화산업 클러스터 'Triangle' 입지 여건

(3) 지역 문화산업 클러스터와의 연계

계명대 대명동 캠퍼스가 성서지역으로 이전됨으로써 캠퍼스 전체를 첨단 문화산업 클러스터로 만들고 지역문화산업과 대구 게임테마거리가 순환하는 문화산업 클러스터를 구축할 필요를 느끼게 되었다. 이런 연계를 통해 국내외 시장의 활발한 진출이 가능하고 지역 특화 브랜드로서의 대구 게임테마거리, 벤처 생태계의 실현이 가능해진다.

대상지는 지리적으로 문화산업의 기반인 IT 기술 및 비즈니스의 거점이며 국내 최대 IT 산업도시인 구미, 학원도시인 경산, 국제교역 도시인 포항, 전통 문화도시인 안동과 경주 등 인근 지역과 유기적 연계가 가능하다. 경제적으로는 문화산업의 특성에 적합한 소비중심지역이며 재래업종과 신상업이 공존하는 지역이다. 문화적으로는 전통문화와 첨단문화가 공존하며 문화산업의 활성화 시설이 풍부한 곳이다.

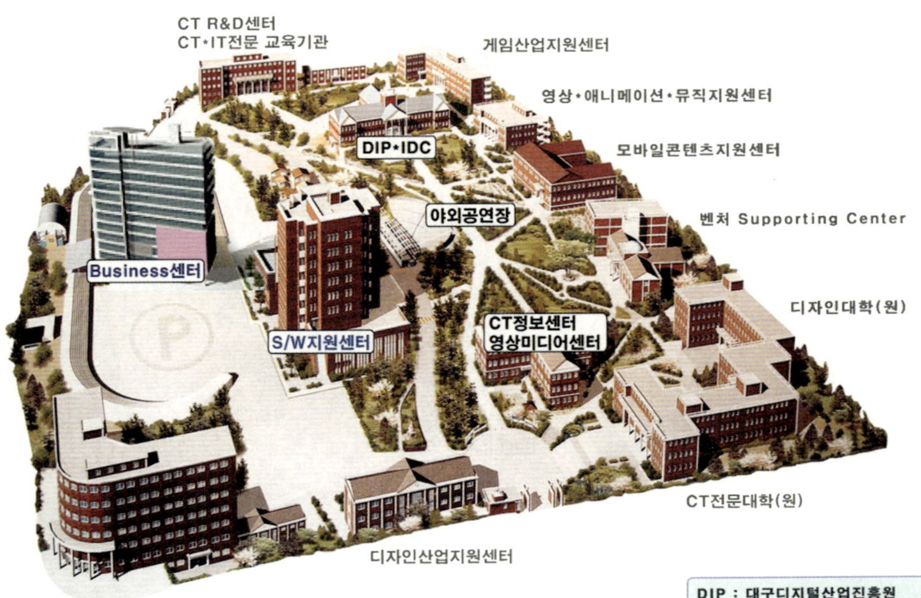

대구 문화산업 클러스터 조감도

지금 대구는 섬유나 기계 등 종래 지역산업의 경쟁력이 약화되자 글로벌 경쟁력을 갖는 차세대 성장 동력 산업 발굴에 공감대가 형성되고 있다. 때문에 게임 분야를 중심으로 한 산업에의 관심이 증폭되고 있다. 여기에 IT도시인 구미와의 연계, 대구 문화산업 지원센터를 중심으로 한 CT기업이 집적되고 있어 테마파크로서의 잠재력이 큰 편이다.

3. 국내외 사례 분석

(1) 국내 사례

❶ IT 관련 공간 계획

대표적인 국내 사례로, 첫째, 디지털 미디어 시티로서 상암 새천년 신도시 계획의 일환으로 건립된 DMC(Digital Media City)를 중심으로 하여 산학연 연계 '서울 미디어 거리' 조성을 계획한 적이 있다. 물리적 환경과 사이버 환경이 최적의 조화를 이루는 인간 중심의 설계 계획이다. 이는 국내 최초로 시도된 디지털 기술이 접목된 도시환경 건설이란 점에서 주목되어야 할 벤치마킹 대상이다.

둘째, 'IT 월드'로서 한국정보진흥원에서 과천 서울대공원 내부에 건설한 IT 체험관이다. 국내의 정보 격차를 해소하기 위한 지원책으로 정보 소외 계층에게 정보통신 서비스에 대한 자유로운 접근과 정보 이용을 목적으로 한다. 주요 내용을 보면, ㉠ 원리 체험 공간으로서 통신, 디지털, 화상압축, 광전송기술을 통한 화상통신의 원리, 멀티미디어 환경의 미래교실 체험하기 등이 있다. ㉡ 놀이체험 공간으로는 놀이기구,

과천 서울대공원 내부 'IT 월드'의 풍경들

3D 입체영상, 시뮬레이터 극장, 화상인식, 공놀이 등을 통해 놀이와 함께 디지털 기술을 즐길 수 있는 공간이 있다. ⓒ 기술 체험 공간으로는 생활 속의 IT 기술과 원리, 황룡사 9층 목탑 복원하기, 디지털 미술관, 똑똑한 자동차, 디지털 수족관, 아바타 물고기 등이 있다. ㉣ 생활체험 공간으로 로봇을 이용한 정원 가꾸기, 영화로 미래 여행하기, 정보보안 인터넷 예절 등이 있다. ㉤ 돔시어터 체험으로 미래형 디지털 극장체험과 영화감상이 있다.

현재 공공시설에 관한 설문조사에서 'IT 월드'는 기술교육 만족도가 높은 시설물로 평가받고 있으며 어린이와 학부모는 물론 중장년층의 이용도도 꽤 높다. 유동인구가 많은 서울대공원 내에 자리 잡고 있다는 입지조건과 대기업 첨단 기술의 테스트 베드로서의 자리매김이 중요한 성공 요인이다. 대구 테마거리에 IT 박물관을 건립할 경우 좋은 본보기가 될 사례이다.

❷ 문화예술 및 콘텐츠 관련 거리

첫째, 홍대 문화예술 거리를 들 수 있다. 한국의 대표적인 인디, 언더 문화 지역인 홍대 거리는 창조성과 실험성을 주 테마로 하는 미술 관련 공간, 고급 카페 공간, 언더그라운드

136

홍대 앞 문화거리의 전경들

클럽 문화 공간, 문화 전문 직종 사무 공간이 중첩된 복합 문화공간으로 문화의 자생성과 독자성, 잠재력이 풍부한 곳이다. 또한 이곳은 디자인, 광고, 영화, 방송, 사진, 출판, 만화, 패션, 연극, 공연, 인터넷 콘텐츠 등의 문화산업 전문가들의 활동이 풍부한 지역이기도 하다. 또한 문화예술 거리로서 거리 자체의 오픈 갤러리, 희망 시장 및 프리마켓 개최, 월드컵 개최에 따른 클럽의 관광 상품화 전략(클럽데이), '홍대 앞 문화예술운동조합' 결성, 문화해방구로서의 거리 조성을 가능하게 하였다.

홍대 앞의 이미지와 다양한 문화를 조합시켜 새로운 시대를 이끌어 갈 대안 문화가 생산되는 문화 공장이자 문화 인큐베이터로서 독창적이고 다양한 문화실험의 공간이 창출된 곳이다. 게임 테마를 활용하여 계명대의 문화산업대학원과 거리, 게임방 등을 연계하는 대구 게임테마거리의 전략에 시사점을 던져주고 있다.

둘째, 부천 둘리거리로서, 부천시와 부천만화정보센터, 둘리나라가 함께 부천시 송내면 로데오 거리 600여 미터를 한국의 대표적인 만화 캐릭터인 둘리거리로 지정한 문화테마거리이다. 오프라인 행사와 온라인 이벤트를 연계, 만화 <둘리>에 등장하는 주인공과 닮은 사람 찾기

138

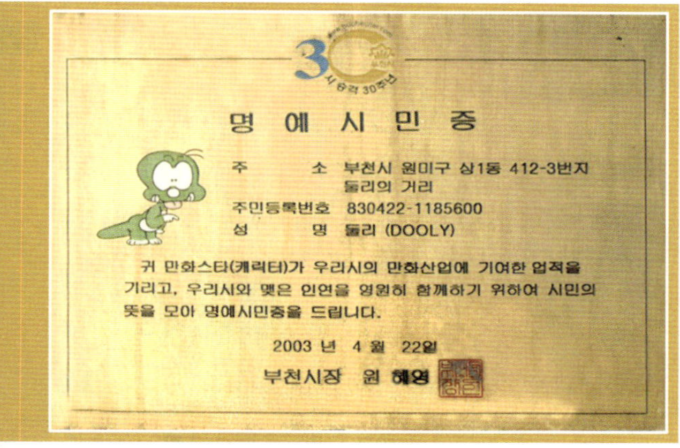

릴레이를 추진해서 상업과 문화를 결합하는 시너지 효과를 창출하고 있다. 둘리라는 캐릭터를 세발자전거, 변기 완구, 모자, 악기 완구, 도서류 등 4,500여 점에 이르는 문화상품거리로 조성하여 성공한 사례이다. 문화도시라는 부천의 브랜드 이미지와 구체적인 만화 캐릭터를 결합시켜 지역 클러스터화한 사업이라는 점이 특징적이다.

❸ 대학 담장 허물기 관련

첫째, 경북대의 북문과 어린이 공원 디지털 라이브러리를 하나의 공간으로 개발, 조성하려는 계획이 있었다. <무경계 문화지구>를 콘셉트로 걸고 학생과 주민, 학교의 안과 밖, 주류 문화와 비주류 문화의 경계를 해체하겠다는 의도로 계획되었다.

둘째, 한국외대가 시행한 담장 허물기로서 서울시가 추진하는 '대학 담장 허물기 사업'의 일환으로 시의 지원을 받아 외대 담벼락의 상당 부분을 철거한 사업이다. 상대적으로 협소한 한국외대 캠퍼스의 시각적 확장 효과, 조경을 통한 환경개선의 이익을 얻고 주민들은 자유로운 산책로 및 휴식 공간을 얻게 된 사업이다. 계명대 캠퍼스의 경우도 게임테마거리가 진행될 경우 염두에 두어야 할 부분이라 생각된다.

(2) 국외 사례

❶ IT관련 거리

첫째, 독일의 미디어파크 쾰른을 좋은 예로 들 수 있는데 화물역으로 쓰이던 버려진 부지를 도시 계획하여 새로운 IT거리로 조성한 사업이다. 인프라 구축과 기업 유치로 고용창출, 대중의 관심을 결합하여 성공한 사례로 꼽힌다. 단거리 통신 채널을 통해 미디어파크 내의 여러 기업들과 단체들이 손쉽게 정보를 주고받을 수 있게 하였다. 편리한 교통, 현대적인 기반 시설을 바탕으로 IT우수기업과 시설을 유치하여 그에 따른 고용 창출 및 관광지로의 개발이 쾰른의 심장부를 형성하고 있다.

둘째, 홍콩의 사이버포트(Cyberport)로서 항구도시의 특성을 살려 동북아 지역경제활동의 교두보로서 다국적 기업들이 활동할 이상적인 환경을 만드는 것이 목표였다. 지능적인 건물 관리, 사무실끼리의 대역폭의 연결, 지역 전체를 위한 광대역 교환기, 캠퍼스 내의 광통신 연결, 최첨단 통신 시설 장비들이 특징이다. 게임테마거리에서도 내부에서의

독일 미디어파크 쾰른의 조감도와 전경

통신, 온·오프라인 연계의 통합적인 정보시스템의 시사점으로 삼을 수 있다.

셋째, 핀란드 헬싱키의 아리비안란타(Arbianranta)로서 헬싱키 내의 작은 도시를 재개발하는 프로젝트이다. 2010년까지 디자인, 예술, 테크놀로지 관련 회사들을 유치하여 도시 규모의 거주자와 학생들의 커뮤니티로 만드는 것이 목표이다. 기업과 거주자를 위하여 공공적인 차원에서 현대적인 지역 네트워크를 구축하여 포탈 서비스를 제공하여 교육기관, 교통체계, 지역 회사들의 정보나 접촉 방법, 새로운 소식과 이벤트를 체계적으로 제공하도록 설계되어 있다. 기존 도시의 예술문화와 정보통신 기술을 결합하여 관련 기업을 유치하려는 계획이다.

넷째, 코펜하겐의 크로스 로드(Crossroad)는 오레스타드 노드(Orestard Nord)를 문화 미디어, 통신 기술에 대한 국제적 발전 중심지로 만드는 건설 통신 사업이다. 지역 내에 모바일 유닛의 위치를 인식하는 삼차원 무선통신망을 개발하는 3D Location-dependent Mobility 프로젝트로서 일정 지역을 돌아다니는 사용자에게 무선터미널을 통해 거리에 관한 사전 지식과 각종 정보를 제공하는 것이다.

홍콩의 사이버포트   핀란드 헬싱키의 아리비안란타

코펜하겐의 크로스로드　　　　　　　　　　　후쿠오카 SRP 센터

다섯째, 일본 후쿠오카 SRP 센터 사업으로서, 이는 디지털 다운타운을 건설하고 중심이 되는 SRP 센터 외에 6개의 선도적인 IT빌딩을 유치시켜 R&D의 시너지 효과를 창출하고 있다. 공동작업, 커뮤니케이션을 중시 여겨 여러 작은 벤처기업들 간의 연계는 물론 지역의 산업개발 확대와 아시아, 태평양의 정보중심지로서의 기능을 담당하게 하였다.

❷ 골목문화 보존구역

첫째, 일본 구라시키 미관지구를 들 수 있다. 구라시키에서 미관지구로 이어지는 약 1km의 거리에 골목문화를 조성하였는데 고풍스러운 건물과 오래된 운하, 강가의 버드나무가 어우러져 멋스러움이 물씬 풍기는 도시로 자리매김하고 있다. 2차 세계대전 때 폭격을 받지 않은 일본의 유일한 곳으로 에도 당시의 모습이 많이 남아 있다. 기존의 옛 가옥을 보존하면서 상업성을 살린 골목문화를 조성하고 있다. 에도 시대 때 운하를 이용하여 곡물 유통의 중심지로 번영했던 곳으로 곡물 창고들이 많았으나 지금은 대부분 미술관이나 박물관으로 사용되어 미적 가치를 창출하고 있다.

둘째, 청수사 올라가는 골목이 대표적인 골목문화 보존구역으로서 청수사는 높은 툇마루에 지어진 사찰로서 교토 시내 전경이 일품인 관광지이다. 이 언덕 올라가는 길에 옛 정취가 물씬 풍기는 상점들이 밀집해 있다.

외국인들이 모여 살았던 이진관의 풍경

일본 구라사키 미관지구의 골목 풍경

대표적인 골목문화 보존구역인 청수사 오르는 길과 그곳에서 반찬을 팔고 있는 상인들의 모습

셋째, 프랑스 그랑모또의 성안 골목길을 들 수 있다. 프랑스 남부 지방의 버려진 늪지대 근처의 오랜 성 안의 건물들을 개조하여 상점과 주거지로 꾸며 관광수입을 올리고 있다.

넷째, 홍콩 영화거리로서 홍콩의 환상적인 야경을 한눈에 볼 수 있는 구룡반도 산책로와 문화센터, 우주박물관, 예술박물관, 그리고 호텔 및 쇼핑센터들이 밀접한 거리에 위치해 있다. 홍콩 영화 스타들의 손 프린트, 기념 액자와 더불어 조각물, 인공숲, 기념품 매장, 휴식처가 조성되어 있다.

그랑모또 성안 골목

홍콩 영화의 거리와 스타들의 손프린터

(3) 국내외 사례들의 종합 분석

이상 국내외 사례들을 종합하여 대구 게임테마거리에 응용할 수 있
는 부분들을 표로 만들어 보았다.

국내외 사례 종합분석

대상	벤치마킹	활용 및 적용
일본 후쿠오카 SPR 센터	• 복합적인 IT 건물 건설이 특성화된 장소발전에 어떠한 영향을 끼쳤는지를 잘 보여주는 사례 • 규모와 내용면에서 대구 게임테마거리 조성사업과 가장 유사	대구 문화산업 클러스터, IT 컴플렉스
과천 서울대공원 IT-월드	• 대기업의 테스트-베드와 박물관, 놀이공간의 기능이 한데 결합된 복합공간 • IT 체험관이 디지털 교육과 디지털 문화의 전파에 가져다주는 효과 • 어린아이는 물론 노년층에서도 높은 교육만족도를 얻은 것으로 조사됨	IT 박물관 및 체험관
국외 골목문화	• 골목문화 조성이 상업성과 관광지로서의 수요창출에 어떻게 기여했는지를 잘 보여주는 사례 • 기존의 건물을 보존하면서 골목문화와 상업성을 극대화한 예	리모델링
홍콩 영화거리	• 영화를 테마로 한 거리의 성공적인 사례 • 문화센터, 박물관, 보도 정비, 조형물이 결합하여 홍콩의 대표적인 명소 형성	환경개선사업
부천 둘리거리	• 만화캐릭터 상품과 상가 밀집지역의 브랜드마케팅 전략 • 캐릭터회사와의 라이선스 계약을 통한 지역마케팅의 대표적인 사례	환경개선사업
홍대 문화거리	• 대학가에서 자연발생적으로 뻗어나간 골목문화가 문화명소로 자리잡게 된 예 • 대학가라는 장점과 문화가 결합하여 서울의 대표적인 문화거리를 형성함	환경개선사업
카이스트 DMS 프로젝트	• 산학연이 결합한 문화산업 클러스터 프로젝트의 대표적인 사례 • 온라인과 오프라인이 결합된 새로운 개념의 디지털 미디어 시티	IT 환경 및 인프라 구축
국외 디지털 시티	• 공간적인 밀집과 IT 기술의 결합이 지역경제 및 국가경제 발전과 성공적으로 결합한 예 • 향후 대구의 세계적인 디지털문화도시 발전에 전범	향후발전계획

4. 개발 구상

(1) 목적과 방법론 :
스토리텔링과 OSMU의 두 요소

　책의 앞부분에 스토리텔링의 개념과 공간 스토리텔링의 개념에 대해 언급한 부분이 있다. 21세기 정보통신의 발달로 감성적이며 놀이성을 지닌 사이버 세계의 소통 방식이 현실공간으로 확대됨으로써 공간의 놀이성이 증대되고 '내가 참여하는 이야기'인 놀이성의 특성 때문에 공간에 스토리텔링이 증대하게 된다.

　이런 논리에 입각하여 놀이로서의 게임의 거리를 구성하는 것은 스토리텔링이란 점에 착안, 생산, 소비, 향유가 일치하는 게임테마거리를 만든다는 설정을 세우게 되었다. 우선 사이버 공간과 놀이공간이 조우하고 혼재되는 공간을 형성한다. 그리고 오락적 요소를 가미, 지역상권의 소비와 향유를 동시에 체험할 수 있는 문화적 요소를 중시한다. 마지막으로 기존에 형성된 골목문화를 최대한 살리면서 각각의 골목에 테마를 부여하여 이를 하나의 통합 서사로 묶어 브

요리를 소재로 한 OSMU 사례

랜드 마케팅한다.

　하나의 게임 소스를 여러 방면으로 사용하는 원 소스 멀티 유즈가 이곳 테마거리의 콘텐츠의 기본 개념으로 설정한다. 첫째, 장르의 다양화로 하나의 게임 상품을 가지고 다양한 문화상품을 개발하는 것이다. 예를 들면 이미 많은 게임들이 이런 방식으로 다양화하고 있다. <요리왕>(PC게임)은 <초밥의 달인>(모바일 게임), <미스터 초밥왕>(만화), <요리왕 비룡>(애니메이션), <대장금>(드라마), <북경반점>(영화), <맛 대 맛>(오락 프로그램) 등으로 다양하게 장르 파급되고 있다. 이런 원리에 입각하여 게임대회, 코스프레, <카트라이드> 게임 등에서 착안한 범퍼카 대회, 게임 음악회 등을 개최하여 콘텐츠를 활성화한다.

　둘째, 다양한 방법으로 게임 문화를 확산, 정착시킨다. 유저 스스로 콘텐츠를 생산하여 마니아 문화를 확산하는 방법이다. 예를 들어, 게임 코스프레, 게임 주제 플래시 애니메이션 등을 확산시켜 방문자들의 참여를 유도한다.

<이상한 나라의 엘리스>가 환상의 세계의 '문지방'을 넘는 방식은 여주인공인 엘리스가 토끼를 따라 가다가 구덩이에 빠지는 것이었다. 이 방법은 <매트릭스>에 그대로 차용되어 주인공 네오가 토끼 문신을 한 여주인공 마리아를 뒤쫓아 가는 데서 환상의 미래 세계를 다루는 영화의 이야기가 시작된다. <센과 치히로의 행방불명>도 예외는 아니어서 주인공 가족은 이상한 석상이 있는 것을 발견하고 곧바로 이어지는 터널을 통과하면서 이상한 나라에 도착한다.

대부분의 환상 스토리텔링은 이처럼 이야기의 시작 부분에서 주인공이 환상의 세계의 문지방을 넘는 공식을 지니고 있다. 환상의 요소를 풍부하게 지니는 이 게임의 거리 스토리텔링을 강화하기 위해 입구를 정비하는 것은 매우 중요한 작업이다. 테마에 맞는 적절한 입구의 모습은 방문객들로 하여금 게임이라는 환상의 공간에 왔다는 마음의 준비를 하게 하면서 스스로 이야기 속에 빠져들 채비를 하게 할 것이다.

입구 표지를 세울 장소는 삼각 네거리와 계명대 네거리인데 전자는 교차로의 성격상 열린 공간인데다 시선이 분산되는 문제점이 있다. 더구나 게임장 밀집 지역이 끝나가는 곳이고 주유소, 세차장 등의 공간이 넓게 자리 잡고 있어서 입구로는 부적합하다. 반면 계명대 네거리는 상권이 안정적이며 시선이 한데로 모이는 장점이 있다. 오른쪽에 먹자 골목이 인접해 있어서 '먹자'와 '놀자'의 테마거리 발전 방향과 부합되어 입구로 적합하다.

입구 표지 방법으로는 문을 세우는 방법과 조형물을 설치하는 두 가지 방법이 있을 수 있다. 문을 세우는 경우는 서울 압구정동 로데오 거

입구 정비 방법의 여러 예. 왼쪽부터 부천 둘리거리(조형물+문), 대구 동성로(조형물), 서울 압구정 로데오 거리(문)

리에서 그 예를 찾아볼 수 있고 조형물의 경우는 대구 동성로, 음식점 거리 등에서 예를 찾아볼 수 있다. 또한 둘리거리처럼 캐릭터를 활용하여 문과 조형물의 결합을 꾀할 수도 있다.

문의 경우는 구획이 분명하지만 조형물에 비해 위압감을 주고 친밀감이 떨어진다. 따라서 조형물 위주로 선택하되 구체적인 게임 캐릭터보다는 게임을 상징적으로 드러낸 추상적 캐릭터가 적합할 것이다.

(3) 구역별 테마거리 조성 및 통합 시나리오 개발

❶ 게임별 테마거리 조성 방법

거리를 구획하고 구획에 따라 게임을 선정하여 테마거리로 만드는 방법을 채택하고자 한다. 이 글에서는 설명을 쉽게 하기 위해서, 임의로 몇 가지 게임을 선정해보았을 뿐, 특정 게임을 선정하려 한 것은 아니다. 또 게임은 부침이 심하여 시간이 지남에 따라 부지기수로 없어지기는 하나 게임이 없어져도 캐릭터의 생명은 오래 지속됨을 우리는 애니메이션의 사례에서 볼 수 있다. 예를 들어 <미키 마우스>나 <백설공주>의 경우 애니메이션은 방영되지 않은 지 이미 오래되었으나 사

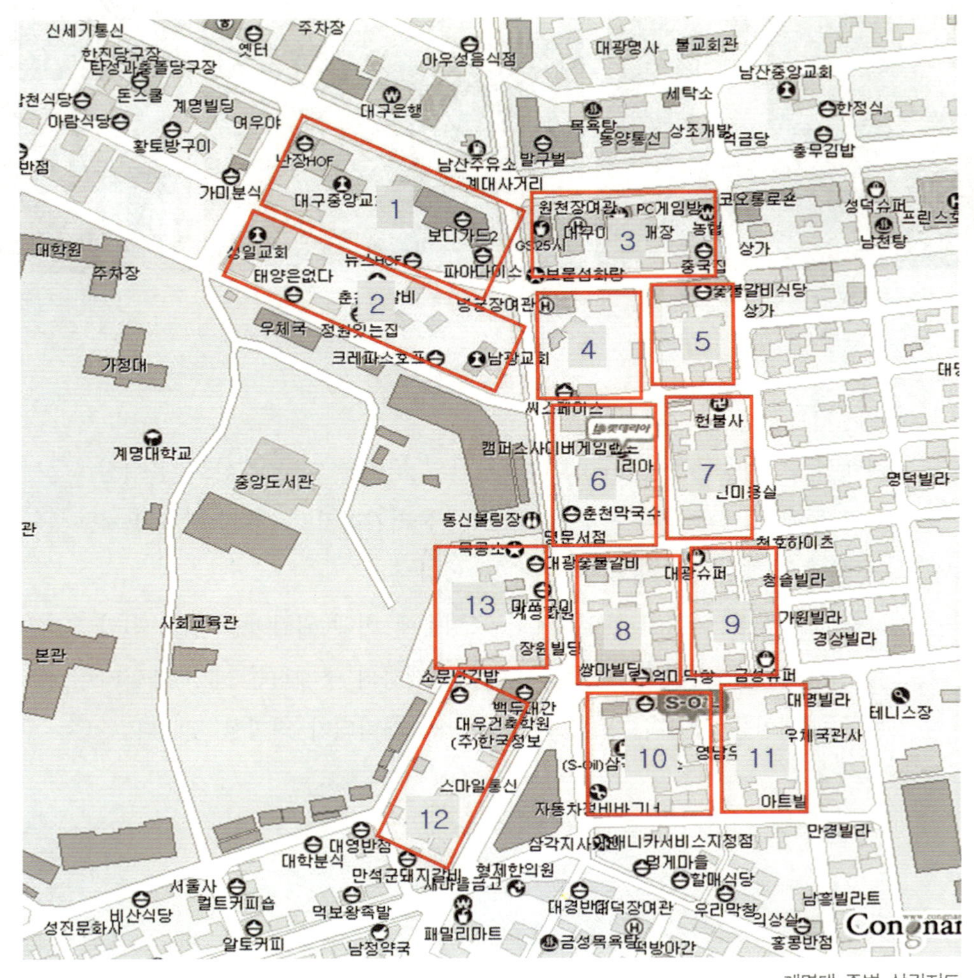

계명대 주변 상권지도

람들은 디즈니랜드 등 테마파크에 상존하는 캐릭터에서 유년기의 추억
을 되살리며 향수를 느끼게 된다. 때문에 이미 몇 년의 인기를 끌어 유
저들의 친밀도가 형성된 게임을 고른다면 오랜 기간 동안 방문객들을
끌어들이는 데 큰 무리가 없을 것으로 생각된다.

150

첫째/ 1구역을 〈요리왕 거리〉로 설정해 보자. 식당이 많은 지역인 만큼 상징적 효과가 클 것이다. 또 앞부분에서 언급한 것처럼 모바일 게임, 만화, 드라마 등으로 이미 출시 되어 있기 때문에 풍부한 콘텐츠가 있어 거리에 활용하기 좋다.

둘째/ 2구역을 〈스타크래프트 거리〉로 정해 보자. 워낙 인기 있는 게임이라서 게임대회 또한 국제적인 행사로 확대되고 있는 것을 잘 알 것이다. 〈스타크래프트〉를 판소리로 부르는 이채로운 행사도 있었다.

셋째/ 3구역을 〈테트리스 거리〉로 정해 보자. 〈테트리스〉 게임은 누구나 잘 알고 있기 때문에 친근감을 불러일으킬 수 있다.

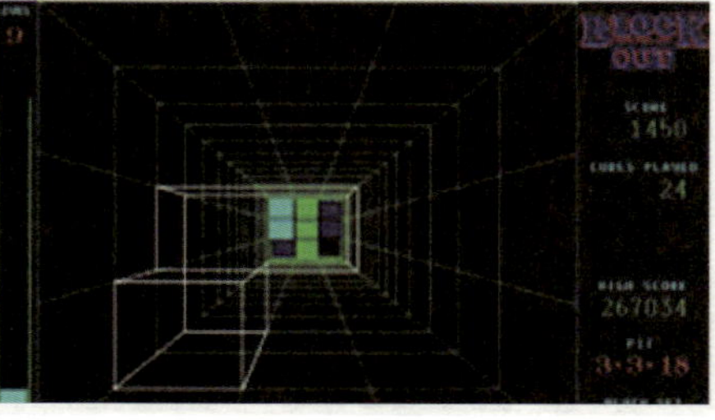

 4, 5구역을 〈워크래프트 거리〉로 정해 보자.

 계명대 구역을 〈카트라이더 거리〉로 정해 보자.

 6, 7구역을 〈리니지 거리〉로 정해 보자.

 13구역을 〈FIFA 거리〉로 정해 보자.

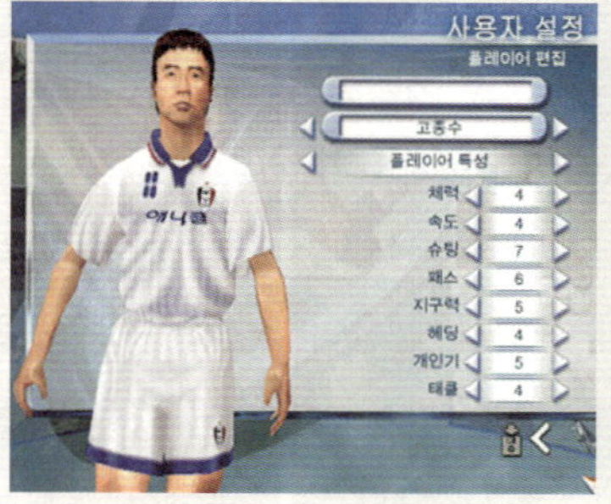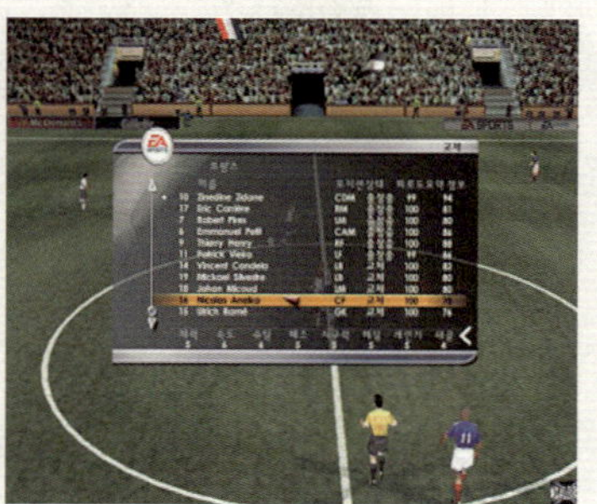

 8, 9구역을 〈라그나로크 거리〉로 정해 보자.

 10, 11구역을 〈코코룩 거리〉로 정해 보자.

❸ 통합 시나리오와 온·오프 연계 게임을 활용한 특화 전략

9개 지역으로 분산되어 있어 이를 보완하기 위해 전체 거리에 통일성을 주는 통합 시나리오를 작성할 필요가 있다. 또 대구는 최대 인구 밀집 지역인 서울 및 경기도와 접근성이 다소 떨어지는 문제점이 있다. 국제공항과도 거리가 멀어 해외 이용객들이 불편을 느낄 우려가 있다.

이 두 가지 점을 극복하기 위해서 강력한 가상의 스토리텔링을 현실의 테마거리와 일치시키는 전략이 중요하다고 생각한다. 일단 통일된 주제가 거리에 있으면 좋고 미리 온라인상에서 그런 게임의 스토리를 만들어 유저들에게 제공함으로써 현실공간에서 펼쳐지는 이야기도 한 번 맛보고 싶게 만들 필요가 있는 것이다. 대구 게임테마거리의 지형을 활용한 온라인 게임을 개발하여 그 실제 장소인 테마파크로 게이머들을 유인함과 동시에 오프라인에서 온라인과 연계된 게임을 하게 하는 것이다.

디자인의 입체감을 바닥이나 벽화로 형상화(쎌 인터내셔널, 2006. 2)

(4) 테마거리 공간 요소 제시

❶ 거리 경관 및 조명

게임의 특성상 거리의 조명은 매우 중요한 요소이다. 따라서 거리의 테마의 주제에 맞는 조명을 제시하여 시각적 효과를 얻게 할 필요가 있다. 구역별 테마에 맞는 조명의 제시는 다음과 같다.

페인팅 후 조명(LED & 광섬유)으로 야간에는 더욱 입체적이고 환상적인 모습으로 탄생하도록 한다.

관련 이미지

조명 방식

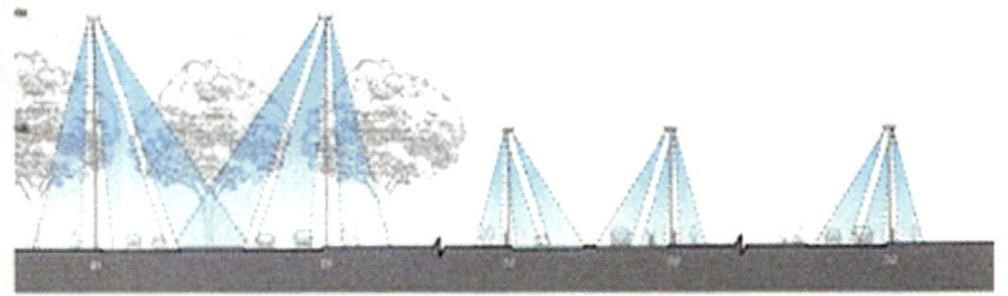

조명 기구
나무 재질로 수목과 어우러지는 느낌

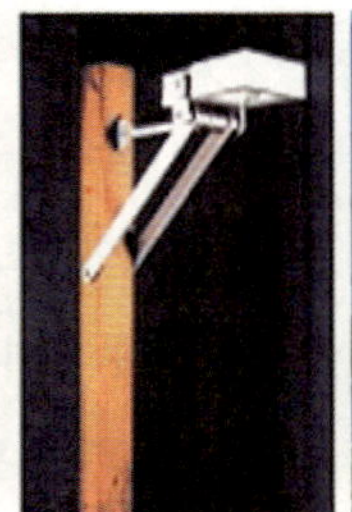

곡선이 있는 디자인으로 부드러운 이미지 제공

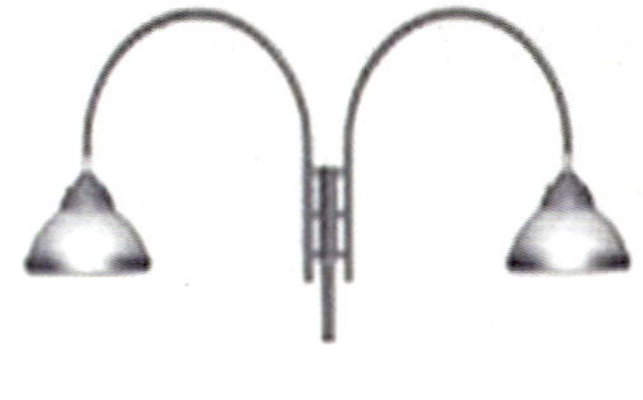

거리 조명의 예시. 조명은 차량 이동이 많아 충분한 조도를 확보해야 한다.

❷ 간판 및 가로수

　현 대상지의 간판은 아무래도 낙후되고 규격화, 통일화가 되어 있지 않아 시선이 고정되어 있지 않고 사방으로 분산되는 경향이 있다. 때문에 홍대 문화거리처럼 개별적으로 특성을 살리는 방법, 둘리거리처럼 캐릭터를 통해 전반적으로 통일감을 부여하는 방법, 청계천변의 상가처럼 아예 간판 전체를 하나의 규격으로 통일하는 방법 등이 있다.

홍대 문화거리의 간판과 난립해 있는 현재 대상지의 간판

❸ 캐릭터 조형물과 보도블록

둘리거리의 보도블록

　분류된 테마거리에 맞게 특징적인 캐릭터 조형물을 설치하는 것도 좋은 방법이다. 또 보도블록을 색깔별로 정리하여 통일감을 부여하고 시선을 집중시킬 필요가 있다. 여기에 프로게이머, 캐릭터 등을 활용하여 포인트를 주어야 한다. 둘리거리의 경우 갈색 톤으로 보도블록을 정비하고 곳곳에 만화 캐릭터를 활용하기도 하였다.

156

▌국내서적

김영순·박지선 외, 『겨울연가, 콘텐츠와 콘텍스트 사이』, 다홀미디어, 2005.
김욱동 편, 『바흐친과 대화주의』, 나남, 1990.
김종회, 『문학과 예술혼』, 문학의 숲, 2007.
박 명, 『한용운』, 거북선, 1994.
백신혜, 장소성과 장소 마케팅, 한국학술정보, 2005.
산정용웅, 『대경성사진첩』, 경성출판사, 1927.
손정목, 『일제강점기 도시화 과정 연구』, 일지사, 1996.
유종호, "겨레의 기억", 김종회 편, 『황순원』, 새미, 1998.
이태동, "실존적 현실과 미학적 현현", 김종회 편, 『황순원』, 새미, 1998.
임덕순, 『600년 수도 서울』, 지식산업사, 1994.
전경란, "컴퓨터 게임 스토리텔링의 이해와 분석", 이인화 외, 『디지털 스토리텔링』,
　　　　황금가지, 2003.
전혜원, 『디지털 게임 스토리텔링』, 살림, 2005.
최혜실 편, 『문화산업과 스토리텔링』, 다홀미디어, 2007.
최혜실, 『디지털 시대의 문화 읽기』, 소명출판, 2001.
최혜실, 『게임의 서사구조』, 현대소설연구 16호, 2002. 6.
최혜실, 『디지털 시대의 영상문화』, 소명출판, 2003.
최혜실, 『디지털 서사의 현황과 전망』, 디지털 시대의 문화읽기, 소명출판, 2001. 7.
최혜실, 『디지털 시대의 문화 읽기』, 소명출판, 2001.
최혜실, 『문자문학에서 전자문화로』, 한길사, 2007.
한용운, 『님의 침묵』, 안동서관, 1925.
허 균, 『사찰장식 그 빛나는 상징의 세계』, 돌베개, 2002.
황순원, "늪 / 기러기", 『황순원전집1』, 문학과지성사, 1992.
황순원, "학 / 잃어버린 사람들", 『황순원전집3』, 문학과지성사, 1992.

∥ 번역서 및 국외서적

Andrè Gaudreault・François Jost(송지연 옮김), 『영화서술학』, 동문선, 2001.

Bakhtin 著作集 8卷, 新時代社, 1984-1986.

Bakhtin, M.M., The Dialogic Imagination, Univ. of Texas Press. 1982.

Christian Norberg-Schulz(민경호 외 옮김), 장소의 혼, 태림문화사, 2001.

E. Aarseth, Cybertext : Perspectives on Ergodic Literature, Jones Hopkins University Press, 1997.

Gerald Prince(최상규 옮김), "서사학 : 서사물의 형식과 기능", 『문학과 지성』, 1988.

Gerald Prince, "Revisiting narrativity", ed. by MIEKE BAL, Narrative Theory Ⅰ, Routledge, 2004.

J. 호이징가(김윤수 옮김), 호모 루덴스, 까치, 1981.

J.L Styne(장혜전 옮김), 연극의 경험, 소명출판, 2002.

Jonathan Culler, "Story and discourse in the analysis of narrative," ed. by MIEKE BAL, Narrative Theory Ⅰ, Routledge, 2004.

Rabelais and His World, The M.I.T. Press, 1968.

가브리엘레 루치우스-회네・아르눌프 데퍼만(박용익 옮김), 『이야기 분석』, 역락, 2006.

로제 카이와(이상률 옮김), 『놀이와 인간』, 문예출판사, 1999.

마이크 페더스톤(정숙경 옮김), 『포스트 모더니즘과 소비문화』, 현대미학사, 1999.

에드워도 렐프(김덕현 외 옮김), 장소와 장소 상실, 논형, 2005.

에티엔 바랄(송지수 옮김), 『오타쿠-가상세계의 아이들』, 문학과지성사, 2002.

이-푸 투안(구동회・심승희 옮김), 『공간과 장소』, 대윤, 1999.

장 보드리야르(하태환 옮김), 『시뮬라시옹』, 민음사, 1992.

폴 리쾨르(김한식・이경래 옮김), 『시간과 이야기』, 문학과지성사, 2001.

∥ 보고서 및 자료집

김대열・이준영・유정상(경희대 국문과 학생), 〈드라마의 테마파크화 가능성-겨울연가〉, 2007. 2학기 〈문학과 대중문화〉 강의 발표내용

문화산업클러스터정책의회, 〈지역문화산업클러스터 현황 점검과 발전방안〉, 문화관광부, 2003. 7.

원제무, "서울시 교통체계 형성에 관한 연구", 서울학 연구 2집, 1994. 10.

이명규, "한국 근대 고시계획제도의 발달과 서울", 동양 도시사 속의 서울, 서울 시

정개발연구원, 1994.
임상오, 〈지역 발전과 테마파크 산업의 진흥〉, 재정정책논집 창간호, 한국재정정책
　　　　학회, 1999. 2.
조현숙, 〈테마파크의 발전 과정과 국내 테마파크의 개발 방향〉, 관광정보연구1.
최혜실, "디지털 문화환경과 서사의 새로운 양상", 문학수첩, 2003. 봄,
최혜실, 〈소설가 구보씨의 일일〉에 나타나는 산책자(la flâneur)연구", 관악어문연
　　　　구 13집, 1988. 12. 31.
최혜실, "경성의 도시화가 한국 모더니즘 소설에 미친 영향", 서울학 연구 제9호, 서
　　　　울학연구소.
최혜실, "스토리텔링 개념 등장의 시대적 배경", 문학수첩 창간호, 2003. 2.

‖ 논문

김문기, 〈테마파크 이용자 행태 분석〉, 한양대학교 도시대학원 석사논문, 1999.
문장원, 〈남양주시 영상문화산업단지 환경설계〉, 한양대학교 도시대학원 도시건축
　　　　설계학과 석사논문, 1999.
양상현, "조선시대 사찰 배치의 서사구조", 서울대 건축학과 박사논문, 1999.
이정식, "놀이본능의 관점에서 본 가상현실을 응용한 VR 테마파크", 서강대 언론대
　　　　학원 석사논문, 2000.
정광현, "국내 도심형 테마파크에 관한 연구", 경희대학교 관광경영학과 석사논문,
　　　　2000.

‖ 사이트 및 신문자료

부천 판타스틱 스튜디오(http://www.fantasticstudio.or.kr/)
중간인, 『외인의 세력으로 관한 조선인 경성』, 개벽, 1924. 6.

저자 **최혜실**

서울대 국어교육과를 졸업하고 서울대 대학원 국문과에서 석사, 박사 학위를 받았다.
KAIST 인문사회과학부 및 문화기술 학제 전공 교수를 거쳐 현재 경희대 국어국문학과 교
수로 있다. 『문학사상』으로 문단에 데뷔했고 2002년 김환태평론문학상을 수상했다.
하버드대학 방문교수를 역임했고 인문콘텐츠학회 부회장, 문화콘텐츠기술학회 부회장으로
있다. 과학문화재단 자문위원, 한국문화관광정책연구원 이사, 문화콘텐츠진흥원 CC&T포럼
위원장을 역임하고, 간행물윤리위원회 심의위원, 기업도시위원회 위원 등으로 활동하고 있
으며 <문학사상>, <문학수첩>, <사회비평>의 편집위원을 역임하였다.
지은 책으로 『디지털 시대의 문화예술』(편), 『사이버 문학의 이해』(편), 『문화산업과 스토리
텔링』(편), 『모든 견고한 것들은 하이퍼텍스트 속으로 사라진다』, 『신여성들은 무엇을 꿈꾸
었는가』, 『디지털 시대의 문화읽기』, 『디지털 시대의 영상문화』, 『문학과 대중문화』, 『가상
놀이인간의 탄생』, 『문화콘텐츠 스토리텔링을 만나다』, 『문자문학에서 전자문화로』, 『문화
산업과 스토리텔링』, 『한류드라마의 스토리텔링』, 『방송통신 융합시대의 문화콘텐츠』 외
다수가 있다.

글누림 문화예술 총서 6
테마파크의 스토리텔링

초판 인쇄 2008년 9월 12일 | **초판 발행** 2008년 9월 22일
저자 최혜실
펴낸이 최종숙 | **책임편집** 권분옥 | **편집** 이소희 김지향 윤수진
펴낸곳 글누림출판사 | **등록** 제303-2005-000038호(등록일 2005년 10월 5일)
주소 서울시 서초구 반포4동 577-25 문창빌딩 2층
전화 02-3409-2055(편집부), 2058(영업부) | **팩시밀리** 02-3409-2059
홈페이지 http://geulnurim.co.kr | **전자우편** nurim3888@hanmail.net
ISBN 978-89-91990-00-5 03800

정가 10,000원
* 잘못된 책은 교환해 드립니다.